浙江大学 国际联合商学院 | ZIBS 书系
INTERNATIONAL BUSINESS SCHOOL
ZHEJIANG UNIVERSITY

大金融 书系
Macro-Finance Book Series
International Monetary Institute of RUC

A Long Journey

顺时而谋　十年一剑

——全球银行业国际化报告

Bank Internationalization Report

贲圣林　俞洁芳　顾　月　等 ◎ 著

浙江大学 互联网金融研究院
ACADEMY OF INTERNET FINANCE
ZHEJIANG UNIVERSITY

IR
浙江大学金融研究所
Institute of Finance Research, Zhejiang University

浙江大学 大数据驱动重点实验室研究基地
INSTITUTE OF DATA&RISK
ZHEJIANG UNIVERSITY

中国金融出版社

责任编辑：吕　楠
责任校对：孙　蕊
责任印制：陈晓川

图书在版编目（CIP）数据

顺时而谋　十年一剑：全球银行业国际化报告／贲圣林等著．—北京：中国金融出版社，2020.8

ISBN 978 - 7 - 5220 - 0772 - 4

Ⅰ.①顺…　Ⅱ.①贲…　Ⅲ.①银行业—金融国际化—研究报告—2019
Ⅳ.①F831

中国版本图书馆 CIP 数据核字（2020）第 159768 号

顺时而谋　十年一剑——全球银行业国际化报告
SHUNSHI ER MOU　SHI NIAN YI JIAN：QUANQIU YINHANGYE GUOJIHUA BAOGAO

出版
发行　**中国金融出版社**

社址　北京市丰台区益泽路 2 号
市场开发部　（010）66024766，63805472，63439533（传真）
网 上 书 店　http：//www.chinafph.com
　　　　　　（010）66024766，63372837（传真）
读者服务部　（010）66070833，62568380
邮编　100071
经销　新华书店
印刷　天津市银博印刷集团有限公司
尺寸　170 毫米×230 毫米
印张　7.5
字数　121 千
版次　2020 年 8 月第 1 版
印次　2020 年 8 月第 1 次印刷
定价　95.00 元
ISBN 978 - 7 - 5220 - 0772 - 4
如出现印装错误本社负责调换　联系电话（010）63263947

课题组简介 Group Profile

课题主持人

贲圣林　浙江大学国际联合商学院院长，互联网金融研究院院长，管理学院教授、博士生导师，中国人民大学国际货币研究所联席所长

俞洁芳　浙江大学经济学院金融系副主任、副教授、硕士生导师

课题组成员

顾　月　浙江大学

蔡凯星　浙江大学

何炜君　浙江大学

倪诗琪　浙江大学

陈梦涛　浙江大学

张雪丰　浙江大学

邵逸航　浙江大学

张　松　浙江大学

合作机构

浙江大学互联网金融研究院（AIF）

浙江大学金融研究所（IFR）

中国人民大学国际货币研究所（IMI）

专家咨询委员会（按姓氏拼音排序）

曹　彤　深圳瀚德科技董事长

陈卫东　中国银行国际金融研究所所长

丁志杰　对外经济贸易大学副校长

段国圣　泰康保险集团执行副总裁、首席投资官

鄂志寰　中银香港首席经济学家

丰习来　建银国际行政总裁

傅安平　中国人保寿险总裁

傅诚刚　阿布扎比国际金融中心中国区首席代表

Herbert Poenisch　国际清算银行原经济学家

黄　清　中国神华集团董事会秘书

焦瑾璞　上海黄金交易所理事长

金雪军　浙江大学公共政策研究院执行院长

金　煜　上海银行董事长

刘　珺　中国投资有限责任公司副总经理

刘青松　中国证券监督管理委员会资本市场研究院院长

钱于军　UBS 大中华区总裁

陆　风　万得信息技术股份有限公司创始人、董事长

王维安　浙江大学金融研究所所长

王晓川　Atlantis Group Holdings 董事总经理

王永利　中国银行原副行长

魏革军　中国人民银行西安分行党委书记、行长

向松祚　中国农业银行原首席经济学家

杨传东　渣打银行华东区总经理、上海分行行长

杨柳勇　浙江大学经济学院金融研究院副院长

杨　涛　国家金融与发展实验室副主任

杨再平　亚洲金融合作协会秘书长、中国银行业协会原专职副会长

张红地　中国金融出版社原副总编辑

张　杰　中国人民大学国际货币研究所所长

张立钧　普华永道大中华区金融行业主管合伙人

张晓朴　中央财经领导小组办公室宏观局副局长

赵昌文　国务院发展研究中心产业经济研究部部长

赵海英　中国投资有限公司首席风险官

赵锡军　中国人民大学财政金融学院副院长

周道许　中国华融资产管理股份有限公司原研究发展部总经理

周尚志　中国信保第一营业部副总经理

庄毓敏　中国人民大学财政金融学院院长

专家咨询委员会秘书长

俞洁芳　浙江大学经济学院金融系副主任

宋　科　中国人民大学财政金融学院院长助理

防止以大自满，坚持开放做强

新中国成立时，我国经济十分落后，各项经济指标与发达国家相比差之甚远。当时，要从经济总量上追赶一些发达国家，也是顺理成章之事。经过长期奋斗，2010 年我国经济总量已超过日本名列世界第二位。英国《银行家》杂志按核心资本排名，中国工商银行于 2011 年开始至今已有 8 年名列世界第一。2017—2018 年我国四大商业银行已连续两年包揽世界排行榜前 4 名。对比，作为中国人、中国金融工作者都感到无比自豪。但是，我们不能以量自满，以大自居。中国是一个大国，人口世界第一，很多经济总量指标名列世界第一应属常态，切忌自满。现在，我国的大型商业银行要立足全球，以开放竞争和高标准衡量自己，要防止以大自满，坚持开放做强。这是我国参与经济全球化的需要。我国对外贸易已多年名列世界第一，也正在成为对外投资大国，《财富》500 强企业，中国的企业数量已超过美国。我国金融企业理应加大走出国门的步伐，为工商企业参与经济全球化提供服务。这也是金融企业做强的需要。我国大型商业银行是否先进，是否强大，只有在国际金融市场竞争中才能得到验证。这也是金融企业扩大业务，谋取更好经济效益的需要。

浙江大学互联网金融研究院携手浙江大学金融研究所、中国人民大学国际货币研究所，经过多方努力合作，于 2015 年正式推出"银行国际化"指数及其系列报告，并于 2019 年 10 月 25 日在上海发布最新成果《顺时而谋　十年一剑——全球银行业国际化报告》。恰逢新中国 70 年华诞，银行国际化指数也在其 5 周年之际上线万得数据库，以新的起点与姿态关注、追踪、探索银行国际化之路。报告以境外资产积累、境外经营成果、金融机构布局三大维度为核心，聚焦来自 32 个国家的 68 家全球性或区域性银行，对其国际化发展进行评估和分析。作为中国金融改革开放的亲历者和金融部门原领导人，我对此感到十分欣慰。浙江大学互联网金融研究院院长贲圣林，曾长期在汇丰银行、摩根大通等国际化金融企业集团担任高管，是组织编制"银行国际化"指数及其系列报告的合适人选。他邀请我为该报告作序，并期待我对报告提出建议和指导，我欣然同意。

促进我国大型金融机构集团业务国际化、服务功能综合化，是我国现代金融建设的重要任务。习近平总书记提出，从 2020 年到本世纪中叶，我国发展大体做两步安排。从 2020 年到 2035 年，基本建成社会主义现代化；再经过 15 年努力，到本世纪中叶建成社会主义强国。为此，我们从今年开始，经过 15 年努力，要建设中国现代金融，为此后 15 年建成强国金融打下坚实基础。中国现代金融主要包括人民币国际化，培育具有国际竞争力的大型金融企业集团，把上海建成国际金融中心，提高我国在国际金融治理中的地位。其中，培育具有国际竞争力的大型金融企业集团具有特别重要的地位。2018 年，我国四大商业银行的国际业务收入，仅占全部业务收入的比例平均为 10%，而美国四大银行集团国际业务收入，占全部收入的平均比例达到 25%。为了提高竞争力，国际金融企业集团一般都实行综合经营。2018 年，我国四大商业银行的非银行金融业务的资产，占全部资产的比例平均为 5%，而美国四大银行集团平均为 31%。显而易见，我国四大商业银行国际化、综合化水平与美国前四家银行集团差之甚远。为此，应该全面加快我国金融业的开放，吸引更多外资金融企业进入中国；同时，我国大型金融企业应扩大境外经营机构，大力开展国际业务，提高国际化水平，提高综合服务能力。从这次"银行国际化"评估报告看，我国四大银行国际化水平较低，令人遗憾，但我坚信今后的排名会逐步向前。

我坚信在国内外有关机构和专家的支持参与下，由浙江大学互联网金融研究院主办的"银行国际化"指数及其系列报告编写会逐步完善，将在推动我国银行国际化，加强国际化银行的交流和合作中发挥更积极的作用。

戴相龙

2020 年 1 月 23 日

　　随着全球经济一体化的逐步推进与中国改革开放的不断深入，中国银行业"走出去"的步伐逐渐加快，海外金融服务能力不断增强。"银行国际化"系列报告长期关注中国及全球银行业的国际化发展，对银行国际经营的动力、模式、风险多有探讨，今年的最新成果《顺时而谋　十年一剑——全球银行业国际化报告》提出国际化人才培养、数字化转型升级、"一带一路"沿线合作等银行国际化机遇，值得进一步探索与研究。

——庄毓敏　中国人民大学财政金融学院院长

　　国际化是新世纪前十年的主题，一定也是第二个十年的主题，对中国银行体系亦是如此。更高水平的对外开放以及参与建设全球化的升级版，均需要银行国际化从表观到内涵的不断深化。战略方向既定，科学的方法就显得尤为重要。浙大 AIF 即将出版《顺时而谋　十年一剑——全球银行业国际化报告》，客观呈现出一套方法和标准，使银行国际化的方向感更强、更准。

——刘珺　中国投资有限责任公司副总经理

　　随着中资金融机构愈加频繁地登上国际舞台，知己知彼、有的放矢成为其国际化发展的基础要求。"银行国际化"系列报告通过五年时间建立并完善了一套科学客观的银行国际化指标，对全球百余家银行的国际化追踪与分析更是为银行找准自身定位、借鉴优秀代表提供了难得的参考，是对世界经济金融数据仓库的有益补充。

——陆风　万得资讯董事长

顺时而谋　十年一剑

A L o n g　J o u r n e y

导　读　Guide reading

《顺时而谋　十年一剑——全球银行业国际化报告》是"银行国际化系列报告"的第五期成果，该系列报告以全球商业银行为落脚点，展示各国银行国际化历史与现状，通过构建"银行国际化指数（BII, Bank Internationalization Index）"，直观描绘不同银行国际化水平，梳理其国际化成果、挖掘其国际化因缘，为其进一步发展提出可行性建议。

◆**报告特色：**

▶**持续追踪，已经五载：**"银行国际化系列报告"自 2015 年发布以来，已经五度春秋。五年来，报告初心不改，始终坚持以客观真实的数据反映全球银行国际化水平，帮助银行明晰自身在国际金融市场中的开放地位，发现其在国际化发展中的差距与不足，从而探索更优的国际化战略与路径。

▶**三大维度，紧抓核心：**BII 以境外资产积累、境外经营成果、全球机构布局三大维度为支撑，构建国际化指数，从深度、广度、效果等多方面综合评价银行国际化水平，力求科学客观。完整报告则针对银行境外业务变迁、经营成本控制、国际人才培养等进行深入分析，全面展现银行国际化表现。

▶**面向全球，不断拓展：**自首次发布以来，BII 始终面向全球，不断拓展银行数量与地域。2019 年，报告关注全球 131 家银行（总资产 76 万亿美元，相当于全球 GDP 的 89%），并选取来自 32 个国家的 68 家银行（总资产 67 万亿美元，相当于全球 GDP 的 78%），进行 BII 排名与分析。

◆**核心结论：**

▶自金融危机后，全球经济增速放缓，不稳定、不确定因素不断增加，国际政治经济形势愈加复杂，全球化（Globalization）与逆全球化（Deglobalization）的声音交织出现。后危机时代的十余年，全球银行的国际化水平并未有明显提升，时至今日，甚至未曾达到危机前的国际化水平。

▶以全球系统重要性银行和《银行家》TOP 50 银行为代表的全球性银行，国际化水平整体较高，十年来未有大幅波动，其中，欧洲银行显现出一定的收缩态势，美国的各家银行基本平稳，以日本瑞穗、三菱日联、三井住友为代表的日本银行则有明显扩张。

▶区域性银行国际化水平总体较低，其稳定性更差，国际化水平更易受到外部环境影响而出现较大波动。

▶中资银行在过去十年中，国际化始终稳定上升，虽与全球性大银行仍有较大差距，但增长态势明显。

▶未来，国际化人才的不断积累、银行数字化转型的进一步深化、"一带一路"建设的持续推进，都将为全球银行的国际化带来更多机遇。

顺时而谋　十年一剑

目　录 Contents

A Long Journey

顺时而谋 十年一剑

表 Tables

引　言　Introduction

　　"银行国际化系列报告"虽然只经历了五载春秋，但其对全球银行业国际化的观察与追踪已达十余年，金融危机后全球银行业国际化的表现尽皆展现于此。2008年金融危机后，全球经济政治环境持续变革，世界经济增速放缓，不稳定、不确定性因素明显增加，全球化（Globalization）与逆全球化（De-globalization）的声音不断交织，金融机构究竟该何去何从？

　　一方面，国际化或全球化的发展是长久之功，骐骥一跃尚不能十步，更何况走向世界舞台的道路远不止百步之遥。金融危机对世界经济的发展带来了巨大的冲击，各国的经济体系都面临着一定的发展问题，在这样的背景下，全球银行业的国际化水平并未有明显上升与下降，而是呈现出小幅波动状态，时至今日，其国际化平均水平仍未恢复至金融危机前的最高水平。短短十年，无论是足迹遍及全球的欧美银行，还是刚刚扬帆起航的新兴国家银行，都还在努力从金融危机的阴影中恢复过来，国际化的发展成果还需要更多的时间来孕育。

　　另一方面，全球银行多逾千家，其发展战略与愿景不一而足，对国际化的选择也逐渐出现分化。有银行回归本土：近些年，欧洲许多银行出现境外收缩趋势，如苏格兰皇家银行由2013年的38个国家或地区缩减为12个，汇丰银行由2008年的83个国家或地区缩减为65个，德意志银行由2008年的72个国家或地区缩减为60个。也有银行积极出海：2018年，中资银行国际化指数持续登上新高，相比2010年增长近70%，中国银行、中国工商银行、中国建设银行、中国农业银行连续多年进入全球系统重要性银行榜单，中资银行正在走向全球。

　　智者顺时而谋，面对全球化与逆全球化的交锋，是走向世界，还是深耕本土，不同的银行当有不同的抉择，顺应时势，有的放矢，才能脱颖而出。毅者十年一剑，国际化的积累并非一朝一夕之功，其间艰难险阻自不必说，但只有走向世界舞台，才有发现不足、缩小差距之机会；只有占领国际市场，才有高瞻远瞩、引领变革之可能。银行国际化指数或许不足以评判银行经营之优劣，却是银行"走出去"、直面国际竞争的一个侧面。并非所有银行都需面向全球"行万里路"，但国之大行当有"会当凌绝顶，一览众山小"的勇气与决心！

第一章　Chapter 1

后危机时代深刻变化的全球环境

1.1　世界经济增速放缓，不稳定、不确定因素明显增加

1.2　经济全球化遭遇波折，多边主义受到冲击

1.3　金融机构不断调整，全球银行各有抉择

2007 年，金融危机始现端倪；2008 年下半年，危机全面爆发并逐步蔓延全球；如今，各国在后危机时代中已前行十年，世界经济增速不断放缓，经济全球化遭遇波折，全球银行业的国际化未有突破。认清当前格局，才可顺时而谋。本章以全球经济发展、多单边主义较量、金融国际化趋势为主要内容，反映后危机时代全球环境的深刻变化，为银行业国际化的探讨明晰背景。

1.1 世界经济增速放缓，不稳定、不确定因素明显增加

2018 年，由于全球贸易保护主义抬头、部分发达国家货币政策趋紧，以及地缘政治紧张带来不利影响，全球经济增长动力有所减弱，不稳定、不确定因素增加，复苏进程整体有所放缓，受益不平衡问题逐渐凸显。

1.1.1 经济增速回落，制造业 PMI 下降

自 2009 年以来，世界经济虽总体上升，但增速不断放缓，且时有负增长（见图 1-1），2018 年，全球实际 GDP 增速由 2017 年的 3.33% 回落至 3.1%。

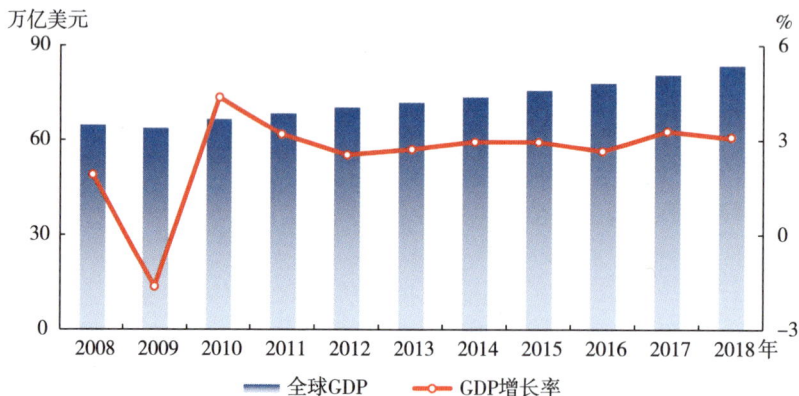

注：全球 GDP 数值为 2010 年不变价美元。

图 1-1 2008—2018 年全球 GDP 及增速

（资料来源：浙大 AIF，世界银行（World Bank））

从不同国家来看，一些新兴经济体增速总体高于发达经济体，但总体均经历了从强弱分化到同步放缓的过程。发达国家近 10 年 GDP 增速多在 4% 以下，2018 年，美国表现较好，延续稳步增长趋势，而日本、德国、英国等其他发达国家增幅均出现一定回落。部分新兴经济体近 10 年增速保持在 4% 以上，2018 年，中国经济基本企稳，印度经济增速开始出现下滑，而越南则延续2016 年以来的增长势头，持续推进高速发展。

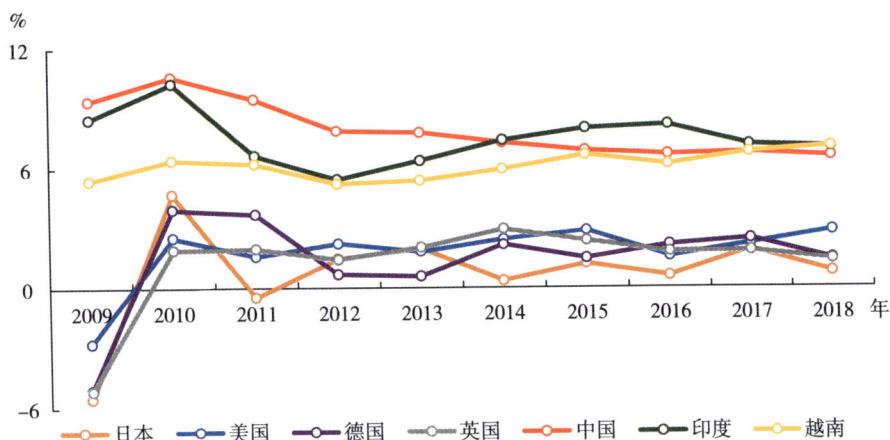

图 1-2 2009—2018 年部分国家 GDP 增速对比

(资料来源：浙大 AIF，国际货币基金组织（IMF），世界银行（World Bank））

从主要行业来看，制造业发展面临着更大挑战。自 2009 年以来，全球综合 PMI 值虽然一直位于荣枯线之上，但多在 50~58 徘徊，2018 年全球 PMI 值为 52.7，同比下滑 2.95%。其中，全球制造业 PMI 值为 51.4，同比下滑 5.69%；全球服务业 PMI 值为 53，同比下跌 1.49%。由此可见，2018 年全球经济持续放缓、增长动力欠缺，且制造业首当其冲，生产、供给可能在未来出现较大波动。

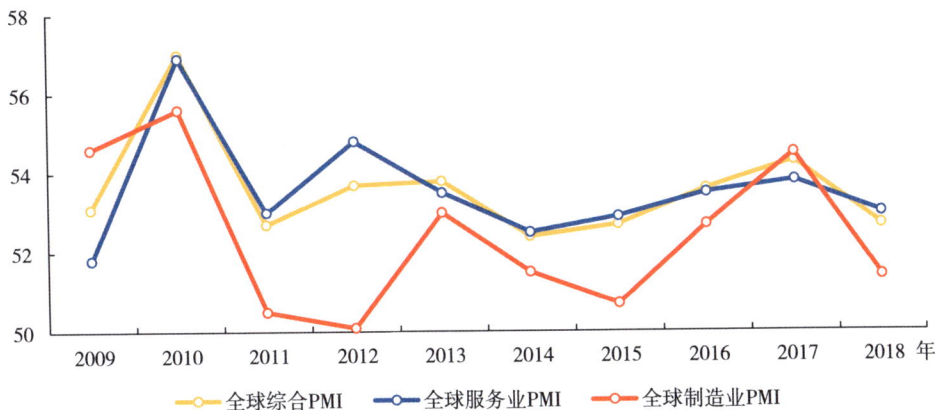

图 1-3 2009—2018 年全球 PMI 值

(资料来源：浙大 AIF，摩根大通 JP Morgan)

1.1.2 国际贸易增速回落，各国顺逆差现分歧

相比于全球经济的增长，世界贸易的增速波动更大（见图 1-4）。2018 年，

5

全球进出口货物量下降，全球贸易总额增长 3.0%，未能继续保持 2017 年（4.6%）猛烈扩张的步伐。贸易增速下滑传递了动能丧失的危险信号，而随着贸易紧张和经济政策不确定性急剧上升，世界贸易正面临着更加严峻的挑战。

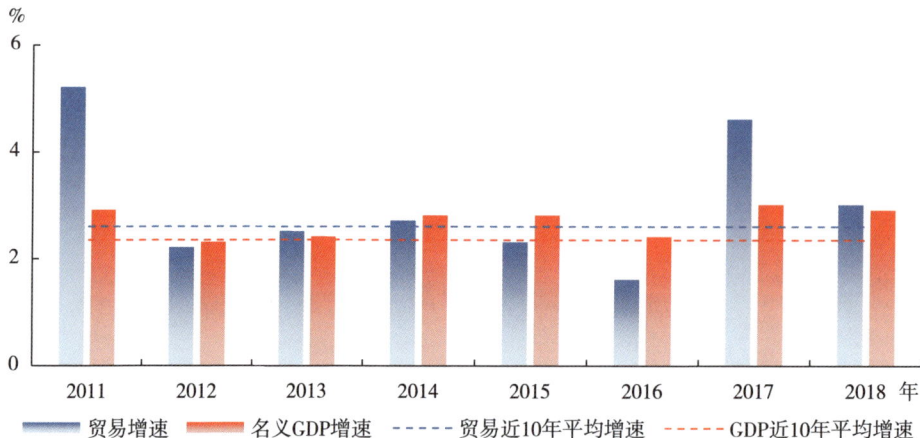

图 1-4　2011—2018 年全球贸易、GDP 增速对比

（资料来源：浙大 AIF，世界贸易组织（WTO））

从具体国家来看，在进出口贸易差额上，各国表现各不相同。美国自 2008 年金融危机以来始终处于贸易逆差状态，2018 年贸易逆差进一步扩大，达到 8000 亿欧元。欧盟与日本则时有顺逆，2018 年，均从贸易顺差转为贸易逆差。作为新兴经济体的重要代表，中国在近十年维持着一定水平的贸易顺差，2018 年达 4024 亿欧元。

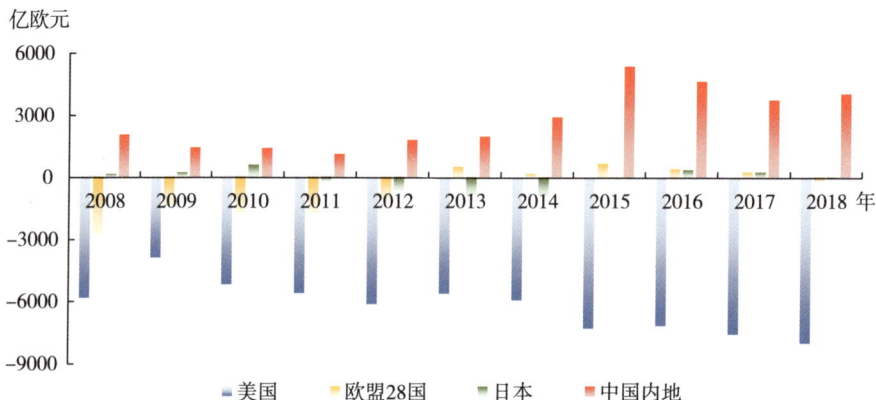

图 1-5　2008—2018 年部分国家贸易差额

（资料来源：浙大 AIF，欧盟统计局）

1.1.3　全球化抉择各不相同，不确定因素影响经济政策

在经济增长减缓的压力下，部分发达国家对"全球化"的态度发生转变，逆全球化力量有所抬头。一方面，包括中国在内的大部分发展中国家以及除英国外的主要欧盟国家仍然坚持"全球化"的发展思路：自 2015 年"一带一路"倡议提出以来，中国积极发展与沿线国家的经济合作伙伴关系，共同打造政治互信、经济融合、文化包容的利益共同体、命运共同体和责任共同体；法国则号召尽快对欧元区实行广泛改革，加强与德国的高效协调，努力推进欧元区一体化进程，并于 2018 年召开了题为"改革法国经济，完成欧元区一体化"的政策会议。另一方面，美国、英国高举"逆全球化"大旗：美国意图通过中美贸易摩擦来改善美国多年以来的贸易逆差情况，并且借此终止部分国际合作，进而在一定程度上压制其余经济体的快速发展，恢复美国本土经济；英国前首相卡梅伦在 2013 年便提及脱欧公投，2017 年，英国女王伊丽莎白二世批准"脱欧"法案，英国正式启动脱欧程序；2018 年 7 月 12 日，英国发布脱欧白皮书，为顺利脱欧做准备。

在此背景下，全球经济政策的不确定性大幅增加（见图 1-6），2018 年不确定性指数破近十年新高，从 2017 年的 147.9 上涨至 311.8，同比增加 111%。

图 1-6　2009—2018 年全球经济政策不确定性指数

（资料来源：浙大 AIF，世界银行（World Bank））

为应对愈加复杂的外部环境，各国不断调整经济政策，但过于频繁的政策

变动或许将进一步加剧经济的不确定性。从货币政策上来看，美联储通过"加息＋缩表"推进货币政策正常化，中国继续实施稳健货币政策，但将松紧适度，与原稳健中性货币政策略有区别，强调"逆周期调节"；从财政政策上来看，美国推进减税法案促进就业，并且大幅改革美国现有税制，德国、日本、英国、法国和印度等国家也随后推出减税方案。

1.2 经济全球化遭遇波折，多边主义受到冲击

20世纪80年代以来，经济全球化①的趋势在世界范围内日益凸显，是当今时代的基本特征，但近年来，保护主义、单边主义加剧，多边主义受到冲击。一方面，全球化仍然是时代主题，在联合国的倡议文件中，"全球化""全球协作"等关键词被不断提及，欧盟在不断寻找一体化的新机遇，"一带一路"多边实践如火如荼；另一方面，美国频频挑战多边贸易体制、不断制造中美贸易摩擦，英国艰难推进脱欧进程，对欧洲一体化造成冲击。

1.2.1 欧盟：积极探索一体化新机遇

1993年11月正式诞生的欧洲联盟（简称欧盟）是区域一体化、全球一体化的重要支持者。欧盟诞生后，商品、劳务、人员、资本的自由流通成为欧洲经济快速增长的重要原因。此外，20世纪90年代，欧盟内部实现了单一货币欧元的使用，并在欧元区国家实行统一的货币政策。

经济政策的统一促进了欧盟的发展，但难以完全满足各国自身的经济调控需求。2008年10月金融危机爆发，冰岛由于国家债务超负荷陷入国家破产状态，之后希腊、爱尔兰、葡萄牙、西班牙等国相继陷入国债危机中。2009年10月20日希腊债务危机点燃了欧元危机，欧元开始剧烈下跌，从2008年初的1.48美元/欧元下降至2018年末的1.24美元/欧元，给欧元区国家的经济蒙上了一层阴影。

欧元区债务危机后，国际货币基金组织（IMF）指出进一步推进欧元区一体化将提高其风险抵御能力，建议欧盟各国建立一个宏观经济稳定基金，由各国每年提供固定数额资金，用于风险补偿。同时，IMF还建议欧盟提高借款能力，以便应对大规模冲击、基金资源耗尽等情况。

---

① 一般来说，全球化是一个以经济全球化为核心、包含各国各民族各地区在政治、文化、科技、军事、安全、意识形态、生活方式、价值观念等多层次、多领域的相互联系、影响、制约的多元概念。

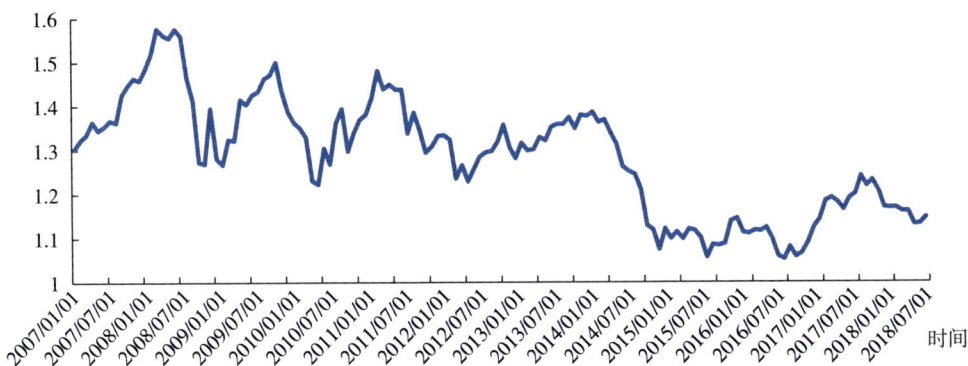

图 1 - 7 2007—2018 年欧元兑美元走势

（资料来源：浙大 AIF，BLOOMBERG）

此后，以法国为首的欧盟国家开始改善货币联盟的运作机制，推进欧元一体化进程。2017 年 5 月 22 日，法国经济部长、德国财政部长在柏林会谈，宣布成立推动欧元区一体化的工作组；2018 年 2 月，一场题为"改革法国经济，完成欧元区一体化"的会议在法国巴黎召开，讨论如何提高法国和欧元区的抗风险能力和经济增长潜力。IMF 总裁克里斯蒂娜·拉加德（Christine Lagarde）强调，应利用当前经济复苏势头，在法国和欧洲层面推动富有雄心的改革，以提高就业率和生产率。此外，其他欧盟国家也在积极共建欧盟一体化。如 2018 年 4 月，IMF 与西班牙央行在西班牙召开了题为"西班牙——从复苏到稳健"的会议，讨论如何进一步完善欧洲构架，特别是欧洲银行业联盟的建设。

近年来，欧盟推进一体化的措施旨在改善原有经济政策体系与贸易原则，实现进一步一体化与更优的协同发展，以应对变幻莫测的经济环境。自 2017 年法国领头改革欧元区货币政策联盟以来，欧元币值便保持稳定上扬趋势，从 1.08 美元/欧元上涨至 1.24 美元/欧元（见图 1-7），"一体化"的推进取得了初步成果。

1.2.2 中国："一带一路"打造人类命运共同体

中国作为全球最大的发展中国家，始终是全球化的忠实拥护者。从当年促成联合国的成立到如今大力推广"一带一路"倡议、促进人类命运共同体，中国为全球一体化作出了不容置疑的巨大贡献。截至 2018 年末，中国累计与 122 个国家、29 个国际组织签署了 170 份政府间共建"一带一路"合作文件，"一带一路"朋友圈遍布亚洲、非洲、欧洲、大洋洲、拉丁美洲。

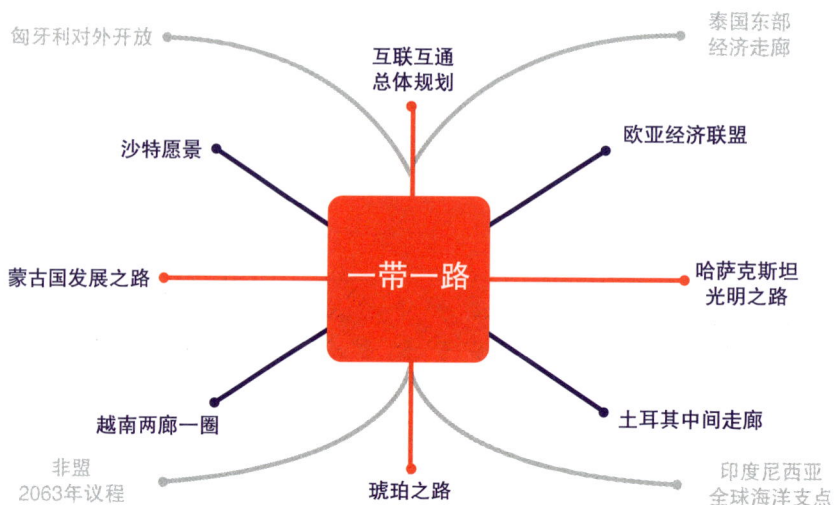

图 1 - 8　"一带一路"倡议构建经济合作走廊

（资料来源："一带一路"网）

　　"一带一路"倡议实施以来，各参与方基础设施互联互通水平大幅提升，为全球化奠定了沟通基础。铁路合作方面，中欧班列形成了多国协作的国际班列运行机制。截至 2018 年底，中欧班列已经联通亚欧大陆 16 个国家的 108 个城市，累计开行 1.3 万列，运送货物超过 110 万标箱（见图 1 - 9）。港口合作方面，中国与 47 个沿线国家签署了 38 个双边和区域海运协定；中国宁波航交所不断完善"海上丝绸之路航运指数"，发布了 16 + 1 贸易指数和宁波港口指数。航空方面，5 年多来，中国与沿线国家新增国际航线 1239 条，占新开通国际航线总量的 69.1%。能源设施建设方面，中国与沿线国家签署了一系列合作框架协议和谅解备忘录，在电力、油气、核电、新能源、煤炭等领域开展了广泛合作，促进国家和地区之间的能源资源优化配置。通信设施建设方面，中国与吉尔吉斯斯坦、塔吉克斯坦、阿富汗签署丝路光缆合作协议，实质性启动了丝路光缆项目。

　　从多边贸易上看，"一带一路"的推进促进了沿线国家和地区贸易投资自由化与便利化，降低了交易成本和营商成本，释放了发展潜力，进一步提升了各国参与经济全球化的广度和深度。2013—2018 年，中国与沿线国家货物贸易进出口总额超过 6 万亿美元，年均增长率高于同期中国对外贸易增速。其中，2018 年，中国与沿线国家货物贸易进出口总额达到 1.3 万亿美元，同比增长 16.4%。世界银行研究组分析了共建"一带一路"倡议对 71 个潜在参与国的贸易影响，发现共建"一带一路"倡议将使参与国之间的贸易往来增加 4.1%。

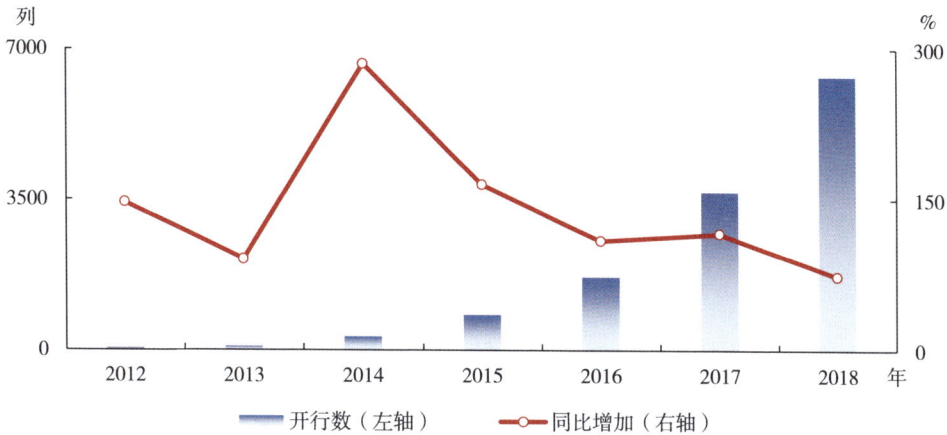

图 1-9　2011—2018 年中欧班列开行数量

（资料来源：浙大 AIF，大陆桥物流联盟）

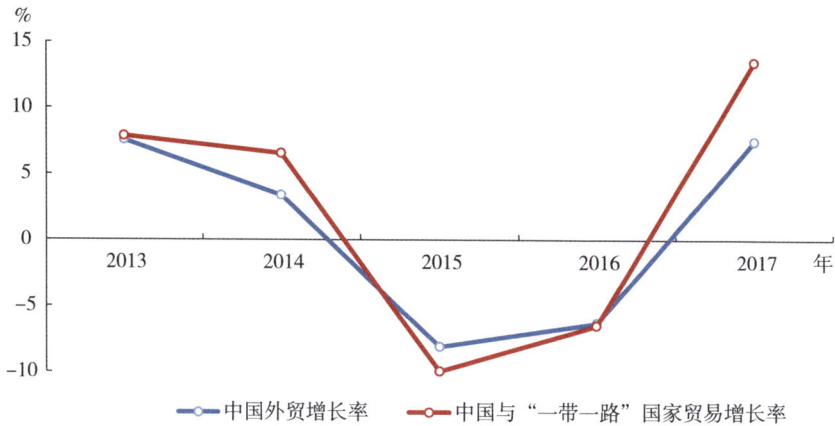

图 1-10　中国与"一带一路"沿线国家贸易增长率

（资料来源：浙大 AIF，海关总署）

从投资合作来看，"一带一路"支持开展多元化投资，鼓励进行第三方市场合作，推动形成普惠发展、共享发展的产业链、供应链、服务链、价值链，为沿线国家加快发展提供新的动能。2013—2018 年，中国企业对沿线国家直接投资超过 900 亿美元，在沿线国家完成对外承包工程营业额超过 4000 亿美元。2018 年，中国企业对沿线国家实现非金融类直接投资 156 亿美元，同比增长 8.9%；沿线国家对外承包工程完成营业额 893 亿美元。

"一带一路"倡议是当前十分重要的全球化推动力量。从基础设施互联互通到文化交流深入合作，为经济全球化的发展汇聚各方智慧和力量。

1.2.3　美国：执意引发中美贸易争端

2017年8月，美国总统特朗普指示美国贸易代表办公室（USTR）对中国开展301调查。2018年3月，USTR发布《301调查报告》，中美贸易摩擦逐渐加大，当前仍然处于"白热化"阶段。

贸易摩擦中，美国对中国的限制主要体现在以下几个方面：

（1）征收高额关税：对进口自中国的产品提高关税，税率从10%～25%不等；

（2）制定准入清单、负面清单：针对高新科技领域，制定限制交易、限制准入清单，遏制中国企业与美国企业的交易与交流；

（3）限制中美学术交流：美国单方锁紧签证方法标准，缩短学习签证年限，限制中国留美学者的人数；

（4）绕过世界贸易组织，自行构建新秩序：美国发布美欧联合声明，美国、加拿大、墨西哥三国设置毒丸条款，不得"擅自"与"非市场经济"国家签署协定等。

中国的反制措施"以打促和"：一方面使用数量型和质量型工具回击美方制裁措施，促使双方回归正常谈判进程；另一方面积极推进关税降低、投资便利化、开放扩大、金融去杠杆、供给侧结构性改革等一系列措施。

对全球而言，中美贸易摩擦给世界经济带来了巨大挑战与不确定性。中美贸易摩擦以来，用于衡量全球市场情绪的CBOE波动率（VIX指数）[①]持续上涨，至2018年末已上升至25.42，相比2017年末（11.04）上涨一倍多（见图1-11），全球情绪更加紧张。

中美贸易摩擦给全球化进程带来了沉重的打击，"逆全球化"（Deglobalization）逐渐走入公众视野。据Google Trend统计，近年来逆全球化的搜索热度自2016年开始上升，随后便居高不下（见图1-12）。而按照目前中美双方的谈判进展，未来中美贸易摩擦的走向依然扑朔迷离，美国很有可能继续推进"逆全球化"进程，并扩大逆全球化领域，从原有的商品贸易、生产合作控制扩展至金融服务、高新科技等领域的限制。

[①]　CBOE波动率是用于衡量标准普尔500指数（S&P 500 Index）期权的隐含波动，也被称为"恐惧指数"。

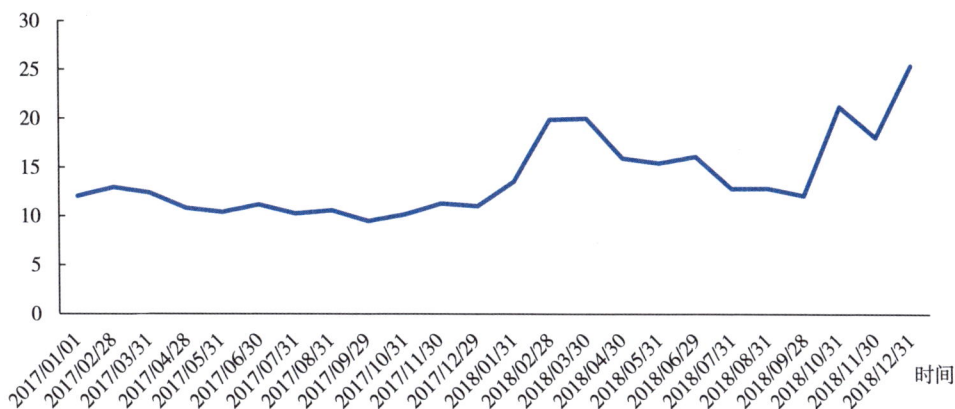

图 1 - 11 中美贸易摩擦以来 CBOE 波动率

（资料来源：浙大 AIF，BLOOMBERG）

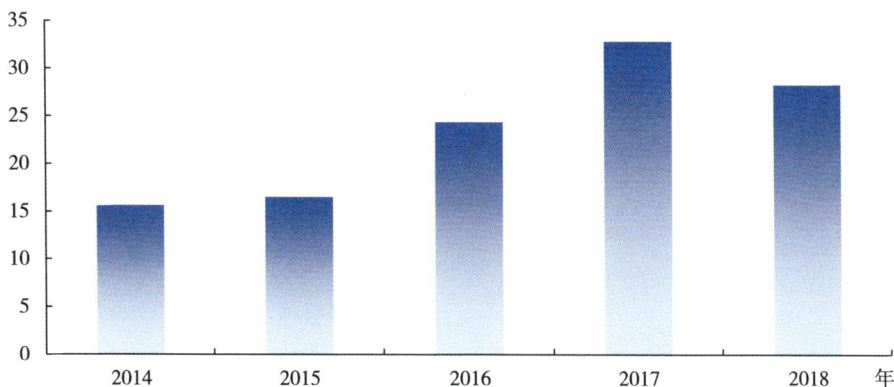

图 1 - 12 "逆全球化" 搜索热度指数均值

（资料来源：浙大 AIF，Google Trend）

1.2.4 英国：艰难推进脱欧进程

英国与欧盟 "分与和" 的问题长期存在，双方在政治、货币以及经济利益等重大问题上始终存在分歧。早在欧债危机时，英国脱欧便已开始酝酿，作为欧盟成员，英国需要提供大量资金来援助其他成员国，而欧盟为应对危机出台的政策严重损害了英国的利益，令英国国内的 "疑欧" 情绪蔓延。脱欧支持者认为，在英国脱欧后，将不再为欧盟提供支持，能够直接减少英国政府的财政运营成本，减轻政府负担，改善英国经济发展。2013 年 1 月，英国时任首相卡梅伦提出举办脱欧公投；2016 年 6 月脱欧公投以 51.9% 的支持率 "低空"通过；2017 年 3 月，英国按照《里斯本条约》第 50 条正式启动脱欧程序，此后经历 1 年多的谈判，英国政府与欧盟达成脱欧协议却被英国议会否决；截至 2019 年 9 月，英国与欧盟仍然未能达成最终的脱欧协议，受爱尔兰边境等问题制约，脱欧行动一度艰难。

促使英国脱欧的原因众多，主要可以概括为：

（1）欧盟经济发展整体弱于英国：经济增速上，欧盟成员国经济实力差异较大，整体经济发展逊色于英国（见图 1 – 13）；就业人数上，欧盟失业率显著高于英国（见图 1 – 14）。

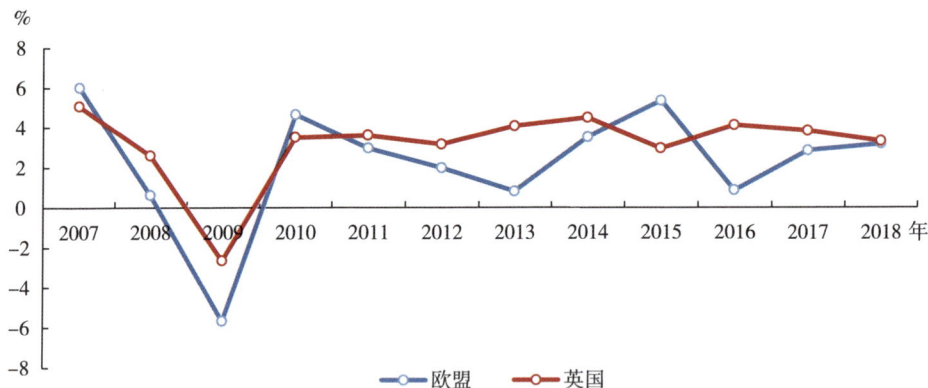

图 1 – 13　2007—2018 年欧盟与英国 GDP 同比增速

（资料来源：浙大 AIF，欧盟、英国统计局）

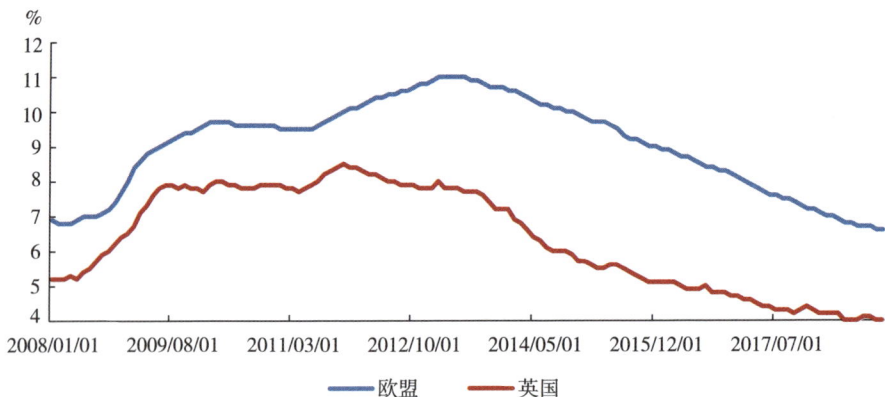

图 1 – 14　2007—2018 年欧盟与英国失业率

（资料来源：浙大 AIF，欧盟、英国统计局）

（2）人口自由流动导致英国移民数量持续增长：欧盟允许人口自由流动，

英国境内的欧洲移民持续增长，导致英国的社会福利被大量占用，挤占英国人的工作机会；同时，难民问题愈演愈烈加重社会负担，恐怖主义行为频发，导致英国脱欧情绪迅速攀升。

（3）立法权的纠纷：欧盟法规与英国法律间存在互相交叉的部分，英国政府一直在争取"收回"部分立法自主权，以阻止一些不受欢迎的欧盟法规在英国实施，但均遭到欧盟否决。

英国脱欧进程推进艰难，无论是欧盟还是其本身，均将面临更长时间的政治不确定性，拖累经济增长。一方面，很多在英企业的生产计划已经纷纷搁置，如宝马、本田、捷豹和路虎等汽车公司的英国工厂为应对英国可能出现的无协议脱欧局面提前停工，延迟脱欧使其不得不在英国还能自由进入欧盟市场时被迫闲置工厂；另一方面，受到实体经济的影响，部分国际金融机构开始将公司部分业务从英国转移至其他欧盟国家。

此外，英国公投结束后，欧洲内部出现了一定的逆全球化乱象。目前欧盟内部分化严重，尽管未曾出现新的"退欧公投"，但逆全球化情绪在意大利宪政公投失败、德国大选后内阁"难产"等事件中已有明显体现。近两年来，欧洲涌现出一批持逆全球化观点的极端政党，在中下层选民中支持率不断上升，逆全球化逐渐从社会思潮和民间运动转向极端政党政治观点。

表 1-1　欧盟逆全球化代表事件

政党	时间	国家	逆全球化观点
我们可以党	2014 年 3 月上台	西班牙	反对欧洲一体化，呼吁修改《里斯本条约》
独立党	2014 年 5 月赢得欧洲议会选举	英国	反对欧洲一体化，反移民
尤比克党	2015 年 4 月占据议会多数席位	匈牙利	反对欧洲一体化，反移民，支持种族主义
法律与公正党	2015 年 10 月上台	波兰	支持贸易保护主义
德国选择党	2016 年 2 月成立	德国	反对欧元，反移民
五星运动党	2016 年 6 月选举成功	意大利	反对欧洲一体化，反移民
自由党	2017 年 12 月进入内阁	奥地利	反移民

资料来源：浙大 AIF，新闻报道。

1.3　金融机构不断调整，全球银行各有抉择

在过去近百年的历程中，金融全球化逐步发展，为全球的经济发展、全球一体化贡献了自己的力量。从 20 世纪初期全球资本市场金融资产交易总存量

不断上升，全球金融规模不断扩大；到几乎所有的发达国家都基本实现了金融市场开放，各国的国际金融依存度进一步提高；从 20 世纪 90 年代以新加坡和中国香港为代表的亚太地区国际金融中心崛起，新兴工业化经济体在金融国际化中的作用逐步增强；到金融衍生市场日益成为金融国际化的重要阵地；再到现在，发展中国家金融市场开放度进一步提高，外部融资比例、优质融资比例不断上升，外部融资结构发生重要变化（见图 1 - 15）。近百年来，金融市场、交易、机构与监管均向着愈加国际化的方向发展。

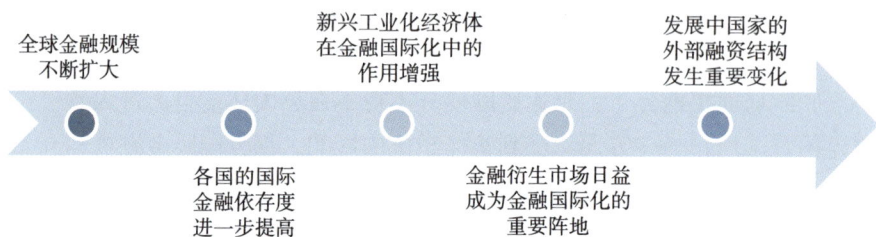

图 1 - 15　金融全球化发展历程

（资料来源：浙大 AIF）

但受世界经济增速放缓、经济全球化遭受波折等多种影响，金融国际化的脚步也有所反复。一方面，金融所服务的实体企业在国际化上有不同选择，韩国三星集团 2018 年以来不断缩紧其全球化步伐，调整经营策略，先后关闭了在中国境内的元器件生产厂，停止了部分国外研发中心，并将部分工业转回国内及周边地区。而中国华为集团则奉行全球化经营、多元化经营的策略方针，努力拓展海外市场，布局全球，积极参与韩国、美国、印度等地的通信设施建设。

另一方面，在金融体系中占据重要地位的银行机构纷纷做出不同的战略调整。作为"银行国际化系列报告"的第五期成果，本期报告选择了来自 32 个国家的 68 家银行（总资产 67 万亿美元，相当于全球 GDP 的 78%），对其银行国际化发展进行深入了解，并测算各家银行的国际化水平。总体来看，面对艰难增长的全球经济，大银行虽有战略调整但国际化波动更小，小银行心态积极但更易受到影响。而从近十年的数据进行观察，可以发现，全球银行的国际化并未有显著波动，即使如中资银行一般十年增长态势显著，其国际化道路仍然任重道远。

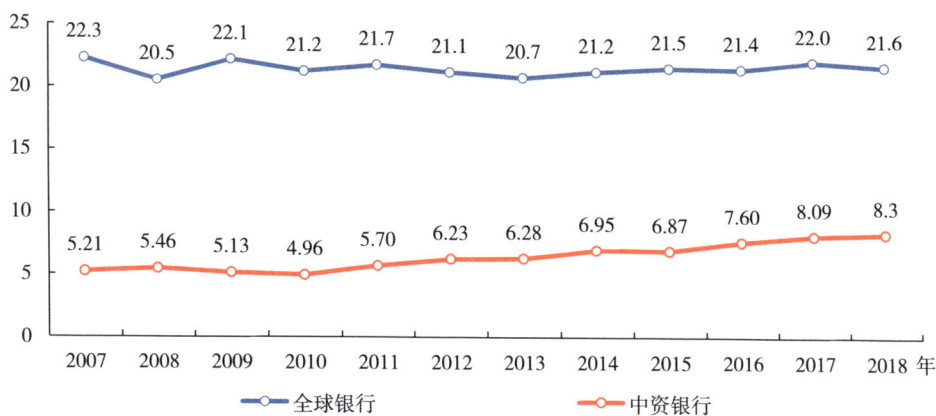

图 1 - 16　2007—2018 年全球银行国际化平均水平（BII）①

（资料来源：浙大 AIF）

可见，银行乃至金融机构的国际化非一朝一夕可至，在当前经济增长缓慢、全球化多受侵扰的局面下，顺势而为是为智者，十年一剑当为初心。

---

① BII：银行国际化指数，内涵及计算公式详见附录一。考虑到港澳台市场规则与大陆相差较大，在计算中资银行国际化指数时，三地均以境外处理。

全球银行国际化表现

银行国际化是一个十分漫长的旅程，与银行的全球战略、成长历史、国内市场容量及国际市场动态等紧密相关，非一日之功。为更加客观地了解各家银行国际化水平，本期报告将全球银行分为全球性银行与区域性银行两类，前者均在全球系统重要性银行及《银行家》TOP 50 中榜上有名，后者则在一定的国际区域内有所发展。本章将着重对此两类银行的国际化排名及表现进行分析，并试图引入全球治理水平与国际人才视角，对各银行 BII 进行调整，理解银行软实力的重要作用。

2.1 银行国际化排名：全球性银行平稳，区域性银行波动

尽管报告仅选取了 68 家银行测算银行国际化指数（Bank Internationalization Index，以下简称"BII"），但总体关注全球 131 家银行（总资产 76 万亿美元，相当于全球 GDP 的 89%），其中 79 家银行有国际化经营数据，可帮助分析银行国际化现状及趋势，其基本情况见表 2-1。

表 2-1 全球性银行与区域性银行名单①

序号	全球性银行		国家
1	Agricultural Bank of China *	中国农业银行	中国
2	Banco Santander *	西班牙国际银行	西班牙
3	Bank of America *	美国银行	美国
4	Bank of China *	中国银行	中国
5	Bank of Communications	交通银行	中国
6	Bank of New York Mellon *	纽约梅隆银行	美国
7	Barclays Bank *	巴克莱银行	英国
8	BNP Paribas *	法国巴黎银行	法国
9	China Citic Bank	中信银行	中国
10	China Construction Bank *	中国建设银行	中国
11	China Everbright Bank	中国光大银行	中国
12	China Merchants Bank	招商银行	中国
13	Citigroup *	花旗集团	美国

---

① 此分类仅适用于本报告，以英文名首字母排序，全球性银行均为"系统重要性银行"与《银行家》TOP 50 银行，其中＊为全球系统重要性银行。

续表

序号	全球性银行		国家
14	Commonwealth Bank of Australia	澳大利亚联邦银行	澳大利亚
15	Credit Suisse *	瑞士瑞信银行	瑞士
16	Deutsche Bank *	德意志银行	德国
17	Goldman Sachs *	高盛集团	美国
18	Groupe BPCE *	法国 BPCE 集团	法国
19	Groupe Crédit Agricole *	法国农业信贷银行	法国
20	HSBC *	汇丰银行	英国
21	ICBC *	中国工商银行	中国
22	Industrial Bank	兴业银行	中国
23	ING Bank *	荷兰国际集团	荷兰
24	JP Morgan Chase *	摩根大通	美国
25	Mitsubishi UFJ FG *	三菱东京日联银行	日本
26	Mizuho FG *	日本瑞穗金融集团	日本
27	Morgan Stanley *	摩根士丹利	美国
28	Royal Bank of Canada *	加拿大皇家银行	加拿大
29	Royal Bank of Scotland	苏格兰皇家银行	英国
30	Sberbank	俄联邦储蓄银行	俄罗斯
31	Scotiabank	丰业银行	加拿大
32	Shanghai Pudong Development Bank	上海浦东发展银行	中国
33	Société Générale *	法国兴业银行	法国
34	Standard Chartered *	标准渣打银行	英国
35	State Street Corp *	美国道富银行	美国
36	Sumitomo Mitsui Banking Corporation *	三井住友集团	日本
37	Unicredit Group *	联合信贷集团	意大利
38	United Bank of Switzerland *	瑞银集团	瑞士
39	Wells Fargo *	富国银行	美国
序号	区域性银行		国家
1	Abu Dhabi Commercial Bank	阿布扎比商业银行	阿联酋
2	Acleda Bank	Acleda 银行	柬埔寨
3	Ahli United Bank	国民联合银行	巴林
4	Allied Bank	Allied 银行	巴基斯坦

续表

序号	区域性银行		国家
5	Arab Bank	阿拉伯银行	约旦
6	Banco Bradesco	布拉德斯科银行	巴西
7	Bank Central Asia	中亚银行	印度尼西亚
8	Bank Hapoalim	以色列工人银行	以色列
9	Bank Mandiri	曼迪利银行	印度尼西亚
10	Bank Negara Indonesia	印度尼西亚国家银行	印度尼西亚
11	Bank of Baroda	巴罗达银行	印度
12	Bank of India	印度银行	印度
13	Bank of Montreal	蒙特利尔银行	加拿大
14	Bank of Shanghai	上海银行	中国
15	Bank Rakyat Indonesia	印度尼西亚人民银行	印度尼西亚
16	Bangkok Bank	盘谷银行	泰国
17	Blom Bank	布洛姆银行	黎巴嫩
18	Canadian Imperial Bank of Commerce	加拿大帝国商业银行	加拿大
19	China Guangfa Bank	广发银行	中国
20	Commercial Bank of Ceylon	锡兰商业银行	孟加拉国
21	Development Bank of Singapore	新加坡星展银行	新加坡
22	Halyk Bank	哈萨克斯坦人民银行	哈萨克斯坦
23	Islami Bank Bangladesh	伊斯兰银行	孟加拉国
24	Krung Thai Bank	泰京银行	泰国
25	Mashreq Bank	马士礼格银行	阿联酋
26	Maybank	马来亚银行	马来西亚
27	MCB bank	MCB 银行	印度
28	National Australia Bank	澳大利亚国民银行	澳大利亚
29	Nedbank	南非莱利银行	南非
30	Nordea Bank	北欧联合银行	瑞典
31	Nova Ljubljanska Banka	新卢布尔雅那银行	斯洛文尼亚
32	Oversea-Chinese Banking Corporation	华侨银行	新加坡
33	Punjab National Bank	旁遮普国家银行	印度
34	Shinhan Financial Group Company	新韩金融控股公司	韩国
35	Siam Commercial Bank	暹罗商业银行	泰国

续表

序号	区域性银行		国家
36	State Bank of India	印度国家银行	印度
37	The Housing Bank for Trade & Finance	约旦贸易金融住宅开发银行	约旦
38	Turkiye Garanti Bankasi	土耳其担保银行	土耳其
39	United Overseas Bank	大华银行	新加坡
40	Vneshtorgbank	俄联邦外贸银行	俄罗斯

资料来源：浙大 AIF。

本期报告将主要分析 40 家全球性银行及 39 家区域性银行，但并非所有银行均可测算 BII，本章将主要对参与 BII 测算的 68 家银行进行分析。①

2.1.1 全球性银行国际化：总体居高，欧洲领先

可进行 BII 测算的全球性银行共 35 家，来自五大洲 13 个国家，其 BII 排名总体保持稳定，未有大幅波动（见表 2-2）。

表 2-2 2018 年全球性银行 BII 排名

排名	银行	2018 年 BII	2017 年 BII	变化率（%）	国家
1	渣打银行	67.94	67.86	0.12	英国
2	西班牙国际银行	55.25	56.36	-1.97	西班牙
3	瑞士瑞信银行	52.91	52.69	0.41	瑞士
4	荷兰国际集团	52.84	53.20	-0.68	荷兰
5	德意志银行	51.45	52.32	-1.66	德国
6	汇丰集团	50.47	53.90	-6.36	英国
7	花旗集团	48.51	47.52	2.09	美国
8	瑞银集团	44.41	46.53	-4.55	瑞士
9	法国巴黎银行	41.85	41.30	1.34	法国
10	法国兴业银行	40.53	38.84	4.34	法国
11	三菱日联金融集团	39.81	38.61	3.13	日本
12	联合信贷集团	39.01	39.45	-1.10	意大利
13	丰业银行	38.16	37.39	2.06	加拿大

① 部分银行近几年数据有所缺失，报告根据历年数据、本年相关数据在专家评议的基础上进行了预估。

排名	银行	2018 年 BII	2017 年 BII	变化率（%）	国家
14	加拿大皇家银行	35.82	35.07	2.16	加拿大
15	高盛集团	32.01	31.92	0.29	美国
16	法国农业信贷银行	30.33	29.95	1.27	法国
17	日本瑞穗金融集团	30.06	29.31	2.56	日本
18	道富集团	30.05	/	/	美国
19	纽约梅隆银行	27.42	27.91	-1.77	美国
20	中国银行	27.07	26.70	1.36	中国
21	摩根大通	26.28	25.79	1.90	美国
22	摩根士丹利	25.72	25.89	-0.64	美国
23	法国 BPCE 集团	20.68	20.22	2.27	法国
24	中国工商银行	16.91	17.04	-0.81	中国
25	澳大利亚联邦银行	12.54	13.12	-4.39	澳大利亚
26	俄联邦储蓄银行	8.93	10.17	-12.18	俄罗斯
27	交通银行	8.50	8.33	2.13	中国
28	苏格兰皇家银行	8.02	7.66	4.76	英国
29	中国建设银行	7.90	8.21	-3.75	中国
30	中国农业银行	6.17	6.60	-6.57	中国
31	中信银行	4.40	4.37	0.47	中国
32	上海浦东发展银行	4.07	3.80	7.09	中国
33	招商银行	3.13	2.94	6.47	中国
34	中国光大银行	2.65	2.03	30.92	中国
35	兴业银行	2.05	/	/	中国
	全球性银行 BII 均值	28.40	29.18	-2.97	

资料来源：浙大 AIF。

2018 年，渣打银行凭借 67.94 的高分蝉联 BII 第一，且高于第二名西班牙国际银行 10 余分。瑞士瑞信银行 BII 增幅虽小，但国际化排名上进入前三。汇丰集团 BII 下降 6.36% 至 50.47 分，跌出前五。总体上，BII 排名前十的银行均超过 40 分，均值达 50.62 分，是 11 ~ 35 名 BII 均值（19.51 分）的 2.6 倍。从 BII 变化率来看，60% 的全球性银行 BII 有所提升，但增幅有限，因而 BII 排名的变动幅度也较小，基本在 1 ~ 2 位。

2018 年，全球经济总体延续增长态势，但增长开始放缓，实际增速有所下滑，各银行对全球化的探索越发谨慎，BII 未有大幅波动（见图 2-1）。金融危机后，全球性银行始终保持着较高的 BII 水平，均值在 26~30 间波动，国际化程度超出全球平均水平约 30%。全球性银行多来源于发达国家或政治经济实力总体较强的发展中国家，它们或是跨国经营的引领者，或有着较为雄厚的综合实力助力国际市场的开拓，因此在国际化水平上长期处于领先地位。当然，也正是因为这些银行更加深入地嵌入到了国际市场中，它们受全球经济金融环境影响较大，这从 2008 年金融危机时 BII 的大幅变动便可以看出。但总体而言，全球性银行的 BII 变化率在 ±10% 的区间内波动，国际化的水平达到了一个相对稳定的状态。

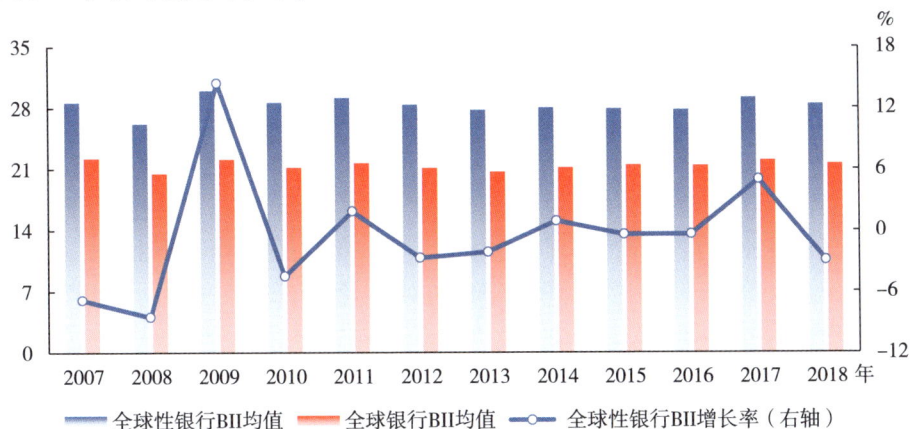

图 2-1 全球性银行 BII 均值与变化率

（资料来源：浙大 AIF）

与此同时，报告将 BII 的视角从银行拉高至国家，可以发现各国银行的国际化表现在一定程度上反映了各自国家金融市场的开放特色。

表 2-3 2018 年全球性银行 BII 排名（按国家）

排名	国家	2018 年 BII	变化率（%）	2017 年 BII	变化率（%）	2016 年 BII
1	西班牙（1）	55.3	2.0	56.4	/	/
2	荷兰（1）	52.8	-0.7	53.2	4.6	50.9
3	德国（1）	51.4	-1.7	52.3	-4.0	54.5
4	瑞士（2）	48.7	-1.9	49.6	7.9	46.0
5	英国（3）	42.1	-1.4	43.1	-1.4	43.7
6	意大利（1）	39.0	-1.1	39.4	-1.2	39.9
7	加拿大（2）	37.0	2.1	36.2	-4.8	38.1

排名	国家	2018 年 BII	变化率（%）	2017 年 BII	变化率（%）	2016 年 BII
8	日本（2）	34.9	2.9	34.0	5.4	32.2
9	法国（4）	33.3	2.4	32.6	0.3	32.5
10	美国（6）	31.7	-0.3	31.8	3.3	32.9
11	澳大利亚（1）	12.5	-4.4	13.1	-7.8	14.2
12	俄罗斯（1）	8.9	-12.2	10.2	-17.9	12.4
13	中国（10）	8.3	-1.4	8.9	6.7	8.3

注：国家名称后数字为参与测评的银行数，相应 BII 为该国测评银行 BII 均值。

资料来源：浙大 AIF。

从近三年 BII 的表现来看，欧洲银行的国际化程度总体更高，相比位于北美的美国与加拿大、位于大洋洲的澳大利亚和位于东亚的中国与日本，欧洲国家的地缘关系更加紧密，国内市场容量相对有限，国与国之间的交流更加密切，银行走出国界更加方便。但与此同时，BII 的变动率反映出绝大多数欧洲银行的国际化水平在下降，尽管变动幅度不大，但这透露出欧洲银行国际化的收缩趋势，受经济环境与政治事件的影响，欧洲各国开始加重对国内市场的关注，银行的经营策略也受到了影响。如苏格兰皇家银行，全球布局由 2013 年的 38 个国家/地区缩减到目前的 12 个，汇丰银行由 2008 年的 83 个国家/地区缩减为 65 个，德意志银行由 2008 年的 72 个国家/地区缩减为 60 个。

从更长的时间维度来看（见图 2-2），金融危机至今，美国、英国、瑞士等银行国际化程度最高的国家，其银行的国际化水平呈下降趋势，这可能源于危机后、逆全球化声音下银行的战略调整。而加拿大、法国、日本、中国等国大型银行的国际化程度是总体保持上升的，这一方面是各国银行本身国际化的禀赋不同，另一方面也体现了各国银行在面临当前经济金融形势时的不同应对策略。如日本三菱日联、三井住友、瑞穗金融集团在 2008 年金融危机后均积极开拓境外市场，寻找国内市场的机遇。而中国的各家银行在逐步积累实力后，受国家对外开放政策的积极鼓励，积极拓展境外市场，提升竞争力，努力增加在国际市场中的话语权。

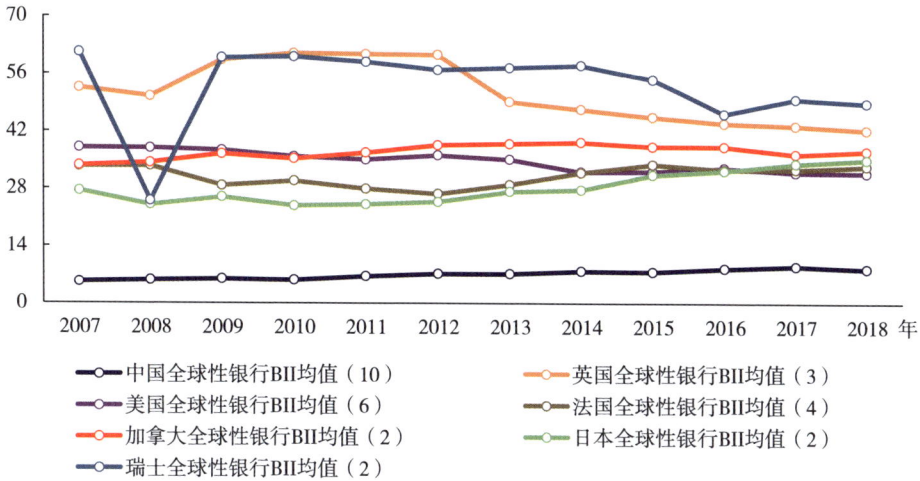

图 2 - 2　2007—2018 年全球性银行 BII 均值（按国家）

（资料来源：浙大 AIF）

2.1.2　区域性银行国际化：相对偏低，差异显著

可进行 BII 测算的区域性银行共 33 家，来自五大洲 22 个国家，各家银行 BII 水平差异明显，增减各半（见表 2 - 4）。

表 2 - 4　2018 年区域性银行 BII 排名

排名	银行名称	2018 年 BII	2017 年 BII	变化率（%）	国家
1	北欧联合银行	51.77	53.26	-2.80	瑞典
2	阿拉伯银行	49.61	50.91	-2.54	约旦
3	国民联合银行	40.16	38.75	3.65	巴林
4	华侨银行	31.34	30.91	1.38	新加坡
5	大华银行	31.28	30.48	2.63	新加坡
6	蒙特利尔银行	30.37	29.62	2.54	加拿大
7	马来亚银行	28.31	27.32	3.63	马来西亚
8	新加坡星展银行	27.59	25.66	7.51	新加坡
9	新卢布尔雅那银行	26.87	25.98	3.46	斯洛文尼亚
10	马士礼格银行	22.20	22.17	0.16	阿联酋
11	澳大利亚国民银行	15.09	/	/	澳大利亚
12	印度银行	13.82	13.89	-0.52	印度

排名	银行名称	2018 年 BII	2017 年 BII	变化率（%）	国家
13	南非莱利银行	13.09	12.33	6.21	南非
14	盘谷银行	11.80	12.17	-3.06	泰国
15	布洛姆银行	11.15	11.14	0.12	黎巴嫩
16	锡兰商业银行	9.15	8.58	6.63	孟加拉国
17	阿布扎比商业银行	7.95	8.30	-4.25	阿联酋
18	新韩金融控股公司	7.80	7.11	9.78	韩国
19	哈萨克斯坦人民银行	6.10	6.60	-7.62	哈萨克斯坦
20	印度尼西亚国家银行	5.11	4.75	7.72	印度尼西亚
21	以色列工人银行	4.85	6.10	-20.52	以色列
22	旁遮普国家银行	4.50	6.65	-32.36	印度
23	土耳其担保银行	4.31	4.90	-12.2	土耳其
24	曼迪利银行	3.54	3.63	-2.42	印度尼西亚
25	布拉德斯科银行	3.54	3.47	1.89	巴西
26	泰京银行	3.22	3.61	-10.81	泰国
27	暹罗商业银行	3.07	2.76	11.12	泰国
28	伊斯兰银行	2.81	3.06	-8.26	孟加拉国
29	MCB 银行	2.61	/	/	巴基斯坦
30	Allied 银行	1.54	1.85	-16.72	巴基斯坦
31	广发银行	1.00	0.90	10.75	中国
32	中亚银行	0.56	0.57	-1.44	印度尼西亚
33	上海银行	0.23	/	/	中国
	区域性银行 BII 均值	14.43	14.82	-2.63	

资料来源：浙大 AIF。

2018 年，区域性银行 BII 均值有所下降，各个银行发展水平参差不齐。北欧联合银行排名第一，BII 为 57.58 分，超过 33 家区域性银行的 BII 均值 2 倍。第 2 名阿拉伯银行虽地处经济基础薄弱的小国，但其业务范围辐射整个阿拉伯以及欧美主要国家，2018 年 BII 也接近 50 分。此外，位于新加坡的华侨银行、大华银行和星展银行得益于突出的地理优势和开放的经济环境，BII 排名靠前，在国际化进程中收获颇丰；国民联合银行地处邻近波斯湾西岸的岛国，通过收购海湾国家的银行和其他金融机构来扩大市场份额，跨境业务量大。与此同时，BII 排名靠后的银行国际化水平与前几名差距颇大，广发银行、中亚银行、上海银行等 BII 仅不到 1 分。

从各家银行 BII 增速来看，约五成银行的 BII 数值出现下跌。与全球性跨国银行不同的是，区域性银行中，BII 排名靠前的银行较多表现出正向增速，排名靠后的银行则大多延续了去年的收缩态势，BII 数值的负增长趋势有所加强。如 2018 年增速最高的暹罗商业银行（11.12%），有效扩展了海外市场，全球布局范围扩大至 9 个国家/地区，保证了境内外业务绩效的同步发展，BII 增速从 2017 年的负值反弹至 11.12%。广发银行 2018 年 BII 增速达 10.75%，主要因为其境外经营绩效有所提升，境外利润扭亏为盈，从而拉动 BII 数值大幅上涨。但也有银行 BII 变动率由正转负，如阿布扎比商业银行的境外子公司在净利息收入和伊斯兰的金融业务收入入不敷出，BII 增速从 2017 年的 15.34% 跌至 −4.25%。而 BII 下降最多的旁遮普国家银行（−32.36%），其孟买分行遭到巨额贷款欺诈，两位初级管理人员在 2018 年被曝出从 2011 年起便开始非法发放担保函，导致银行损失接近 18 亿美元，旁遮普国家银行股价应声大跌，境外业务发展情况不容乐观，甚至关闭了位于中国上海的代表处，国际化水平持续下降，BII 跌幅相比 2017 年扩大了一倍有余。

总体来看，区域性银行的国际化水平与全球性银行差距显著（见图 2 − 3）。近 11 年，区域性银行的 BII 均值基本维持在 15 分左右，全球性跨国银行则在 28 分上下浮动，两者差距接近 50%。金融危机后，两类银行国际化水平均无大幅波动，国际化水平总体平稳，但近三年来，美联储持续加息，新兴经济体资本加剧流出，区域性银行的国际化发展也受到波及，BII 呈现收缩态势。

图 2 − 3　2008—2018 年全球性银行与区域性银行 BII 均值

（资料来源：浙大 AIF）

2.2　调整后银行国际化排名：英美银行国际化软实力更胜一筹

BII 自 2015 年首次发布以来，以各家银行的境外经营数据为核心指标，力求客观评价不同银行的国际化水平，本期报告对银行"国际治理能力"与"全球影响力"进行了初步探索，通过专家评分对银行的"国际化软实力"进行评价。本节将主要展示考虑新增指标后，BII 的排名表现。①

2.2.1　全球性银行：英美银行国际化软实力强劲

大多数全球性银行的调整后 BII 与原 BII 相比，排名并未有明显波动（见表 2 – 5），其经营结果基本可以较好地反映出国际化治理的水平。

但具体来看，考虑国际化软实力后，英美银行排名普遍上升。一方面，这两个国家作为国际金融市场的中心，本身国际化水平高，其企业距离国际舞台的距离要更近一步，国际知名度与影响力相对较大。另一方面，英美两国企业的跨国经营几乎引领了全球企业的跨国浪潮，这两个国家金融机构的国际化治理能力较强。因此，这两个国家的金融机构"软实力"强劲，其国际化不仅在规模、在比例，更在思维、在文化。

表 2 – 5　2018 年全球性银行调整后 BII 排名

银行	调整后 BII 排名	原 BII 排名	国家
渣打银行	1	1	英国
汇丰集团	2	6	英国
西班牙国际银行	3	2	西班牙
瑞士瑞信银行	4	3	瑞士
荷兰国际集团	5	4	荷兰
花旗集团	6	7	美国
德意志银行	7	5	德国
瑞银集团	8	8	瑞士
法国巴黎银行	9	9	法国
法国兴业银行	10	10	法国

---

① 本节用"调整后 BII"表示增加"国际治理能力"与"全球影响力"两个指标后测算出的 BII，"原 BII"仍沿用 2.1 节计算方法。

银行	调整后 BII 排名	原 BII 排名	国家
丰业银行	11	13	加拿大
三菱日联金融集团	12	11	日本
加拿大皇家银行	13	14	加拿大
联合信贷集团	14	12	意大利
高盛集团	15	15	美国
道富集团	16	18	美国
摩根大通	17	21	美国
法国农业信贷银行	18	16	法国
日本瑞穗金融集团	19	17	日本
纽约梅隆银行	20	19	美国
摩根士丹利	21	22	美国
中国银行	22	20	中国
法国 BPCE 集团	23	23	法国
中国工商银行	24	24	中国
澳大利亚联邦银行	25	25	澳大利亚
苏格兰皇家银行	26	28	英国
中国建设银行	27	29	中国
交通银行	28	27	中国
俄联邦储蓄银行	29	26	俄罗斯
中国农业银行	30	30	中国
上海浦东发展银行	31	32	中国
招商银行	32	33	中国
中信银行	33	31	中国
兴业银行	34	35	中国
中国光大银行	35	34	中国

资料来源：浙大 AIF。

2.2.2 区域性银行：国际化软实力差异较大

较全球性银行而言，区域性银行在国际化软实力上差距较大，调整后的BII多有变动（见表2-6）。

银行软实力与本国经济发展及开放水平密切相关。中国作为"一带一路"

合作的领头羊，不断加强对外部环境的建设，提升对外开放的层次与水平，积极推动人民币国际化，迎来了无数的新发展机遇，因而如上海银行、广发银行等中资银行，尽管在硬指标上表现不佳，但全球影响力和全球监管水平先行，调整后 BII 排名有明显提升，未来发展空间和动力巨大。同样得益于本土战略环境的还有布拉德斯科银行，所属地巴西是新兴大国群体的重要代表，通过南南合作将外交疆土延伸至中东、亚洲等地区，并与欧盟、美国等结成了合作伙伴关系，近年来积极鼓励出口，推动贸易多样化，地区和国际影响力明显提升。

相比之下，地处孟加拉国的伊斯兰银行和锡兰商业银行受到本国经济发展水平的制约，国际化软实力较为薄弱。孟加拉国人口稠密，经济基础薄弱，外交结构单一，全球影响力与存在感均较弱，因此国内银行在对国际市场的把握上有所欠缺，对全球治理体系的建设依然长路漫漫。

表 2－6　2018 年区域性银行调整后 BII 排名

银行	调整后 BII 排名	原 BII 排名	国家
北欧联合银行	1	1	瑞典
阿拉伯银行	2	2	约旦
华侨银行	3	4	新加坡
大华银行	4	5	新加坡
蒙特利尔银行	5	6	加拿大
国民联合银行	6	3	巴林
新加坡星展银行	7	8	新加坡
马来亚银行	8	7	马来西亚
新卢布尔雅那银行	9	9	斯洛文尼亚
澳大利亚国民银行	10	11	澳大利亚
马士礼格银行	11	10	阿联酋
印度银行	12	12	印度
南非莱利银行	13	13	南非
盘谷银行	14	14	泰国
新韩金融控股公司	15	18	韩国
以色列工人银行	16	21	以色列
布洛姆银行	17	15	黎巴嫩
布拉德斯科银行	18	25	巴西

续表

银行	调整后 BII 排名	原 BII 排名	国家
阿布扎比商业银行	19	17	阿联酋
旁遮普国家银行	20	22	印度
哈萨克斯坦人民银行	21	19	哈萨克斯坦
印度尼西亚国家银行	22	20	印度尼西亚
曼迪利银行	23	24	印度尼西亚
土耳其担保银行	24	23	土耳其
泰京银行	25	26	泰国
暹罗商业银行	26	27	泰国
广发银行	27	31	中国
锡兰商业银行	28	16	孟加拉国
上海银行	29	33	中国
中亚银行	30	32	印度尼西亚
MCB 银行	31	29	巴基斯坦
Allied 银行	32	30	巴基斯坦
伊斯兰银行	33	28	孟加拉国

资料来源：浙大 AIF。

2.3　中资银行国际化排名：水平偏低，快速增长

在 68 家参与 BII 测算的银行中，共有 12 家中资银行，其中 10 家为全球性银行，2 家为区域性银行，这些中资银行的发展路径基本呈现了"水平偏低，快速增长"的特点。

"水平偏低"是所有新兴发展中市场的特点，中资银行作为发展中的中国最具代表性的金融机构，其国际化表现仍然稚嫩，2018 年，仅中国银行 BII 在亚洲进入前 10，未有银行全球国际化排名中进入前 20（见表 2 - 7）。

表 2 - 7　2018 年中资银行 BII 排名

银行名称	BII	变化率（%）	中资排名	亚洲排名	世界排名
中国银行	27.1	1.4	1	9	28
中国工商银行	16.9	−0.8	2	11	34
交通银行	8.5	2	3	16	43

银行名称	BII	变化率（%）	中资排名	亚洲排名	世界排名
中国建设银行	7.9	−3.8	4	18	46
中国农业银行	6.2	−6.5	5	20	48
中信银行	4.4	0.7	6	25	53
上海浦东发展银行	4.1	7.1	7	27	55
招商银行	3.1	6.5	8	30	59
中国光大银行	2.7	30.5	9	33	62
兴业银行	2.1	/	10	35	64
广发银行	1	11.1	11	37	66
上海银行	0.2	/	12	39	68
中资银行 BII 均值	7.0	4.8			

资料来源：浙大 AIF。

"快速增长"则是中资银行相较大多数新兴市场银行国际化表现的亮眼优势，从改革开放开始逐步走出国门至今，虽仍只能望国际顶尖金融集团之项背，但中资银行对待开放始终持积极态度，愿意以多种方式尝试"走出去"。5 家大型商业银行已较多地活跃于国际金融舞台中，而以中信银行、上海浦东发展银行、招商银行、中国光大银行、兴业银行为代表的全国股份制银行，资产实力逐渐增强，国际化探索也逐渐增多，如上海浦东发展银行，2018 年其香港分行市场影响力进一步提升，新加坡分行打造大宗商品等服务特色，伦敦分行顺利开业，助力集团跨欧亚、跨时区经营。

第三章　Chapter 3

全球银行境外资产表现

境外资产规模通常是人们对一家银行国际化水平进行判断的直接依据，本章对 75 家银行境外资产规模进行排名，并对其增速、占比、结构做出分析，以全面观察后危机时代中，各银行境外资产积累的情况。

3.1　境外资产规模：全球性银行规模大，区域性银行在积累

2018 年，全球银行中境外资产规模最大的 3 家银行（西班牙银行、汇丰集团、德意志银行）均来源于欧洲，三菱日联、中国银行、花旗集团则以日、中、美三国最大海外银行的姿态分列 4~6 位（见表 3 - 1）。西班牙国际银行境外资产规模达 11721.9 亿美元，超过汇丰集团成为全球规模最大的境外银行，仅此两家银行 2018 年境外资产超过万亿美元，超过所有银行境外资产规模均值 4 倍有余。TOP 20 的境外资产规模达到了所有银行境外资产规模的 76%，集中度很高。同时，以北欧联合银行（瑞典）、蒙特利尔银行（加拿大）和华侨银行（新加坡）为代表的区域性银行，境外资产规模也十分可观，甚至超过部分全球性银行。

资产规模的变动上，排名前四的西班牙国际银行、汇丰集团、德意志银行、三菱日联金融集团 2018 年在境外资产规模与占比上均有所下降，部分大型跨国银行面对愈加复杂的全球形势开始调整国际化战略，境外资产或现收缩态势。如汇丰集团 2018 年开始将目标聚焦在新兴市场，缩减海外布局和境外机构数量，以求提高资金利用率。但也有银行境外资产正快速积累，如日本三井住友金融集团 2018 年境外存款贷款、证券、交易资产均有大幅提升，又如多家中资银行境外资产增速亮眼，甚至超过 10%。

表 3 - 1　2018 年全球银行境外资产规模排名[①]

排名	银行	境外资产规模 （亿美元）	境外资产变化率 （%）	国家
1	西班牙国际银行	11721.9	-6.2	西班牙
2	汇丰集团	11502.4	-14.9	英国
3	德意志银行	9557.0	-10.0	德国
4	三菱日联金融集团	9418.1	-1.4	日本

①　本章所有银行资产、贷款等规模类数据均根据 2018 年 12 月 31 日汇率转换为美元数据，部分银行近几年资产数据有所缺失，报告根据历年数据、本年相关数据在专家评议的基础上进行了预估。

续表

排名	银行	境外资产规模 （亿美元）	境外资产变化率 （%）	国家
5	中国银行	9043.5	14.0	中国
6	花旗集团	8160.1	/	美国
7	荷兰国际集团	7152.6	3.4	荷兰
8	三井住友银行	7129.1	86.1	日本
9	摩根大通	6416.4	4.3	美国
10	日本瑞穗金融集团	5560.6	0.1	日本
11	瑞士瑞信银行	5413.4	-3.6	瑞士
12	中国工商银行	5384.8	9.3	中国
13	联合信贷集团	5297.1	-1.1	意大利
14	法国兴业银行	5078.4	28.4	法国
15	法国巴黎银行	4834.2	6.9	法国
16	加拿大皇家银行	4804.2	15.1	加拿大
17	北欧联合银行	4653.6	-1.8	瑞典
18	法国农业信贷银行	3673.3	9.8	法国
19	高盛集团	3625.4	8.9	美国
20	美国银行	3033.3	-3.9	美国
21	瑞银集团	3028.4	-15.1	瑞士
22	丰业银行	2796.8	6.1	加拿大
23	摩根士丹利	2770.0	-1.5	美国
24	中国建设银行	2469.0	-1.8	中国
25	蒙特利尔银行	2297.1	7.1	加拿大
26	渣打银行	2175.1	-7.4	英国
27	交通银行	1466.1	7.1	中国
28	中国农业银行	1464.7	8.5	中国
29	华侨银行	1432.6	-0.5	新加坡
30	新加坡星展银行	1427.3	10.8	新加坡
31	法国 BPCE 集团	1391.0	6.0	法国
32	澳大利亚国民银行	1287.1	-3.0	澳大利亚
33	澳大利亚联邦银行	1150.7	3.1	澳大利亚
34	大华银行	1141.1	11.3	新加坡
35	哈萨克斯坦人民银行	1101.5	2.6	哈萨克斯坦
36	纽约梅隆银行	996.6	-10.1	美国

排名	银行	境外资产规模 （亿美元）	境外资产变化率 （%）	国家
37	加拿大帝国商业银行	897.2	35.0	加拿大
38	马来亚银行	867.7	8.8	马来西亚
39	道富集团	834.2	1.8	美国
40	俄联邦储蓄银行	584.5	7.3	俄罗斯
41	中信银行	493.3	10.0	中国
42	上海浦东发展银行	411.3	15.0	中国
43	苏格兰皇家银行	404.6	−57.7	英国
44	招商银行	349.8	20.1	中国
45	阿拉伯银行	347.7	−0.7	约旦
46	国民联合银行	298.2	9.2	巴林
47	兴业银行	264.9	20.4	中国
48	中国光大银行	247.7	46.0	中国
49	印度银行	191.5	9.4	印度
50	阿布扎比商业银行	170.5	16.7	阿联酋
51	马士礼格银行	170.4	18.2	阿联酋
52	盘谷银行	169.4	8.3	泰国
53	巴罗达银行	158.7	−33.2	印度
54	布拉德斯科银行	131.4	9.0	巴西
55	以色列工人银行	91.2	−18.7	以色列
56	伊斯兰银行	90.6	1.5	孟加拉国
57	南非莱利银行	74.2	18.9	南非
58	土耳其担保银行	74.0	−3.1	土耳其
59	旁遮普国家银行	72.0	−42.2	印度
60	布洛姆银行	63.5	5.0	黎巴嫩
61	印度国家银行	56.3	2.6	印度
62	新卢布尔雅那银行	49.9	10.6	斯洛文尼亚
63	曼迪利银行	38.5	14.2	印度尼西亚
64	印度尼西亚国家银行	34.1	2.4	印度尼西亚
65	广发银行	32.3	17.0	中国
66	暹罗商业银行	22.9	12.3	泰国
67	印度尼西亚人民银行	15.3	19.5	印度尼西亚
68	泰京银行	12.1	−28.8	泰国

续表

排名	银行	境外资产规模 （亿美元）	境外资产变化率 （%）	国家
69	锡兰商业银行	8.2	17.1	孟加拉国
70	MCB 银行	7.2	18.0	印度
71	上海银行	5.1	/	中国
72	Allied 银行	2.2	−33.3	巴基斯坦
73	新韩金融控股公司	1.8	0.0	韩国
74	Acleda 银行	1.2	0.0	柬埔寨
75	中亚银行	0.5	0.0	印度尼西亚

资料来源：浙大 AIF，各行历年年报。

从时间维度来观察两类银行的境外资产规模平均水平，我们可以发现，全球性银行的境外资产规模总体远高于区域性银行，但增长性较差。后危机时代的十年中，全球银行的境外资产经历了三次细微的下降与上升。截至 2018 年，全球性银行尚未恢复至 2008 年境外资产规模的平均水平，但区域性银行的境外资产规模相比十年前却表现出明显提升，在 2018 年达 460.4 亿美元，相比2008 年增长了 33.5%（见图 3-1）。

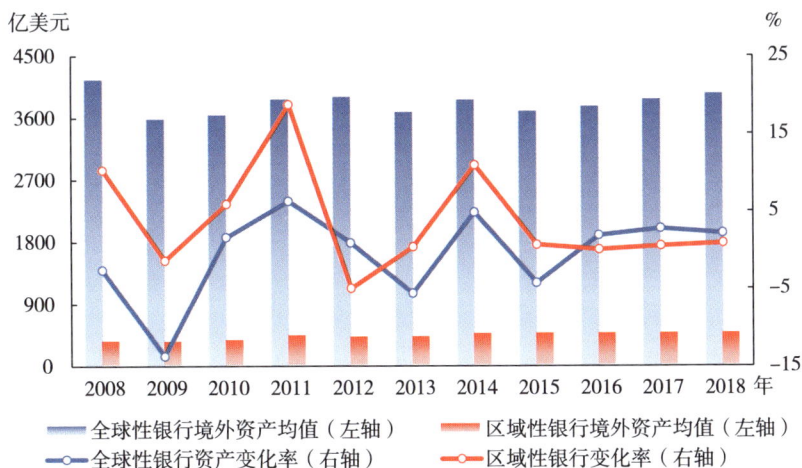

图 3-1　2008—2018 年全球银行境外资产均值与变化率[①]

（资料来源：浙大 AIF，各行历年年报）

———————————

①　本报告所有银行绝对值数据均根据 2018 年 12 月 31 日汇率转换为美元数据，下同。

3.2 境外资产占比：波动中有所下降

在境外资产占比排名中，渣打银行、国民联合银行分列前二，境外资产超过总资产的80%。75家银行中，近9家银行境外资产占比超出50%，绝大多数银行依然选择以国内经营为重心。值得注意的是，一家银行的境外资产占比和该行资产总量并没有明显的相关性。如排名第二的国民联合银行（84%），其总资产仅为367.2亿美元，而上海银行境外资产规模已达2830.9亿美元，境外资产占比却仅为0.2%。究其原因，与银行的选择密切相关：银行的经营策略大致分为两类，立足本地、逐步外延和立足国际、拓展版图两种。前一种策略主要适用于国内市场广大的银行，随着资产体量的增加与经济的开放，银行逐步"走出去"，境外资产占比逐渐提高；后一种策略则往往适用于国际资金交流频繁但国内市场有限的银行，其资产总量较小，但境外资产占比较高。

从境外资产占比的变化率来看，日本三井住友银行、中国光大银行、法国兴业银行、中国兴业银行等5家银行2018年境外占比增速均超过20%。其中，加拿大帝国商业银行境外资产占比上升幅度最大（22.3%），2018年国内外资产均有增加，其中，美国地区上升最快，增幅达到55%。2018年10月，美国颁布新监管条例，要求在美银行需要有更大规模的资产，虽然这一规定并未包含外资银行，但是该银行的管理层以谨慎性原则为指导同样增加了在美资产规模。

表3-2 2018年全球银行境外资产占比排名

排名	银行	境外资产占比（%）	变化率（%）	国家
1	渣打银行	84.2	0.2	英国
2	国民联合银行	84.0	2.2	巴林
3	北欧联合银行	73.9	3.6	瑞典
4	阿拉伯银行	70.7	-2.7	约旦
5	荷兰国际集团	70.5	-1.3	荷兰
6	西班牙国际银行	70.3	-7.2	西班牙
7	瑞士瑞信银行	69.5	-0.2	瑞士
8	德意志银行	62.0	-1.6	德国
9	联合信贷集团	55.7	-0.5	意大利
10	加拿大皇家银行	49.0	4.6	加拿大

续表

排名	银行	境外资产占比（%）	变化率（%）	国家
11	汇丰集团	45.0	−16.1	英国
12	马来亚银行	44.8	3.2	马来西亚
13	马士礼格银行	44.8	5.7	阿联酋
14	花旗集团	42.6	1.6	美国
15	华侨银行	42.0	−3.7	新加坡
16	高盛集团	41.7	1.9	美国
17	蒙特利尔银行	41.5	2.6	加拿大
18	丰业银行	41.0	2.5	加拿大
19	大华银行	40.3	2.8	新加坡
20	三井住友银行	39.6	69.4	日本
21	新加坡星展银行	35.5	4.1	新加坡
22	三菱日联金融集团	34.8	−2.5	日本
23	新卢布尔雅那银行	34.3	6.3	斯洛文尼亚
24	道富集团	34.1	−0.8	美国
25	法国兴业银行	33.9	25.0	法国
26	摩根士丹利	32.5	−1.7	美国
27	瑞银集团	31.6	−17.1	瑞士
28	日本瑞穗金融集团	30.2	−1.8	日本
29	中国银行	29.2	4.3	中国
30	纽约梅隆银行	27.5	−7.9	美国
31	摩根大通	24.5	0.7	美国
32	澳大利亚国民银行	23.0	−4.2	澳大利亚
33	阿布扎比商业银行	22.4	1.0	阿联酋
34	印度银行	21.9	9.7	印度
35	法国巴黎银行	20.7	2.7	法国
36	加拿大帝国商业银行	20.4	22.3	加拿大
37	法国农业信贷银行	19.8	4.8	法国
38	盘谷银行	17.7	6.9	泰国
39	布洛姆银行	17.3	−7.0	黎巴嫩
40	澳大利亚联邦银行	16.8	3.2	澳大利亚
41	巴罗达银行	14.3	−38.4	印度
42	中国工商银行	13.4	2.9	中国
43	俄联邦储蓄银行	13.0	−6.7	俄罗斯

排名	银行	境外资产占比（%）	变化率（%）	国家
44	美国银行	12.9	-6.9	美国
45	锡兰商业银行	11.4	2.4	孟加拉国
46	印度国家银行	10.7	-3.7	印度
47	交通银行	10.6	1.4	中国
48	南非莱利银行	10.3	11.9	南非
49	哈萨克斯坦人民银行	10.0	-13.2	哈萨克斯坦
50	土耳其担保银行	9.8	-13.6	土耳其
51	法国 BPCE 集团	9.5	4.8	法国
52	以色列工人银行	7.5	-19.8	以色列
53	旁遮普国家银行	6.4	-42.9	印度
54	印度尼西亚国家银行	6.1	-10.0	印度尼西亚
55	中信银行	5.6	2.9	中国
56	中国建设银行	5.1	-5.1	中国
57	伊斯兰银行	4.8	-8.5	孟加拉国
58	曼迪利银行	4.7	7.0	印度尼西亚
59	苏格兰皇家银行	4.6	-55.1	英国
60	上海浦东发展银行	4.5	12.2	中国
61	中国农业银行	4.4	0.6	中国
62	布拉德斯科银行	3.9	2.2	巴西
63	中国光大银行	3.9	37.0	中国
64	招商银行	3.6	12.2	中国
65	MCB 银行	3.2	2.5	印度
66	新韩金融控股公司	2.6	0.5	韩国
67	兴业银行	2.3	20.0	中国
68	Acleda 银行	2.1	-11.4	柬埔寨
69	印度尼西亚人民银行	1.7	4.1	印度尼西亚
70	泰京银行	1.4	-25.7	泰国
71	Allied 银行	1.1	-37.8	巴基斯坦
72	广发银行	0.9	2.6	中国
73	暹罗商业银行	0.8	0.0	泰国
74	上海银行	0.2	—	中国
75	中亚银行	0.1	-10.0	印度尼西亚

资料来源：浙大 AIF，各行历年年报。

从区域表现来看，欧洲地区的银行资产国际化程度更高，前 10 名包揽 7 位。日本与美国相关银行表现居中，中资银行则代表了发展中国家的较高水平。表 3 - 3 以各地区全球性银行为代表，集中展现了不同地区银行境外资产占比的平均水平。2018 年，中国全球性银行境外资产占比仍然远低于发达国家银行的平均水平，仅为美国全球性银行的三分之一、欧洲的五分之一。

表 3 - 3　2018 年全球银行境外资产区域差异

境外资产占比	2018 年（%）	2017 年（%）
欧洲全球性银行境外资产占比	42.2	43.6
日本全球性银行境外资产占比	34.9	29.9
美国全球性银行境外资产占比	27.9	28.5
中国全球性银行境外资产占比	8.6	8.2

资料来源：浙大 AIF，各行历年年报。

相比于境外资产规模，区域性银行与全球性银行在境外资产占比上差距相对较小，全球性银行的境外资产占比稳定在 28% 以上，2018 年为 28.53%；区域性银行境外资产占比整体在 20%～24% 这一区间波动，2015 年以来，全球经济出现明显分化，新兴市场经济体增长总体放缓，海外市场风险上升，对银行的国际化发展造成影响，区域性银行的境外资产占比连续 5 年下降。2018 年，区域性银行的境外资产占比进一步下降至 20.9%，达到了近几年来的新低。

图 3 - 2　2008—2018 年全球银行境外资产占比均值与变化率

（资料来源：浙大 AIF，各行历年年报）

3.3　境外贷款表现：规模逐年攀升，占资产比例各有不同

作为资产的重要来源与组成部分，贷款情况往往可以在一定程度上展现出一家银行的经营模式，本节关注各家银行的境外贷款情况。

一方面，全球银行境外贷款的平均规模在经历金融危机的低点后，主要呈上升趋势。以全球性银行为例（见图 3 - 3），2016 年，境外贷款均值突破 2000 亿美元，2018 年达 2193 亿美元，可以认为全球性银行的境外贷款业务保持增长，国际市场上的客户更愿意从此类银行中获取融资服务。

图 3 - 3　2005—2018 年全球银行境外贷款均值与存贷比

（资料来源：浙大 AIF，各行历年年报）

另一方面，银行类金融机构也在不断开拓新的国际业务，境外资产结构在不断调整，两类银行中，区域性银行境外资产结构调整缓慢，境外资产以贷款为主，贷款类资产基本高于 50%，且已从 2008 年的 51.7% 升至 2018 年的 58.0%。可见，区域性银行在境外经营中对于传统业务的依赖程度依然较大，贷款业务仍是境外主营业务和主要盈利来源。相比之下，全球性跨国银行境外贷款类资产有更为明显的下降趋势，从 2008 年的 58.1% 下降至 2018 年的 51.5%，境外业务重点逐渐发生了转移（见图 3 - 4）。

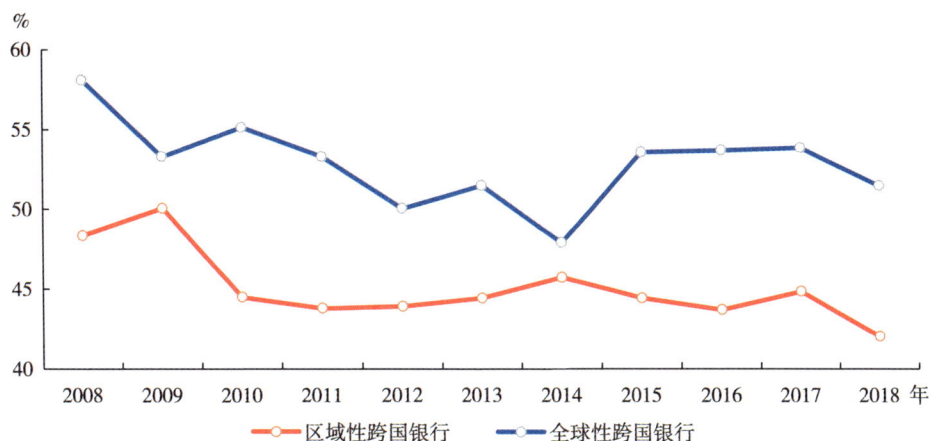

图 3 - 4　2008—2018 年全球银行境外贷款类资产占比

(资料来源：浙大 AIF，各行历年年报)

此外，为更加清晰地展现不同银行的境内外资产结构，报告尝试对 53 家银行境外贷款占境外资产比重、总贷款占总资产比重的情况进行梳理，如表 3 -4所示，但受数据可得性限制，表中占比数据无法完全契合银行实际情况，仅做大体估计与分析判断。总体来看，各家银行资产结构的不同表现多体现了银行的不同国际化方式。如新加坡的华侨银行，其境外贷款/资产比例较高而总贷款/资产占比却较低，对境外开拓主要依赖传统的存贷业务；加拿大的帝国商业银行则正好相反，银行境外贷款/资产占比较低，但总贷款/资产占比则达到 63.8%；广发银行的两个比例相仿，说明该行无论是在境内还是境外市场业务结构相似，并无明显偏重。

表 3 - 4　2018 年全球银行境外贷款占境外资产比例排名

排名	银行	境外贷款/境外资产（%）	总贷款/总资产（%）	国家
1	巴罗达银行	97.1	62	印度
2	新加坡星展银行	95.2	63.5	新加坡
3	蒙特利尔银行	84.1	53.6	加拿大
4	大华银行	79.6	67.4	新加坡
5	印度国家银行	76.2	59.4	印度
6	华侨银行	76.1	55.1	新加坡
7	印度银行	73.1	60.1	印度
8	新卢布尔雅那银行	69.6	57.6	斯洛文尼亚

续表

排名	银行	境外贷款/境外资产（%）	总贷款/总资产（%）	国家
9	荷兰国际集团	68.9	70.2	荷兰
10	西班牙国际银行	67.3	62.1	西班牙
11	花旗集团	66.1	35	美国
12	中国建设银行	64.9	41.7	中国
13	澳大利亚联邦银行	63.5	76.7	澳大利亚
14	南非莱利银行	62.3	70.5	南非
15	马来亚银行	59.7	64.1	马来西亚
16	土耳其担保银行	58.4	64.1	土耳其
17	瑞银集团	57	33.4	瑞士
18	北欧联合银行	56.9	59.4	瑞典
19	北欧联合银行	56.9	59.4	瑞典
20	广发银行	56.6	56.7	中国
21	国民联合银行	55.8	54.9	巴林
22	汇丰集团	52.9	38.4	英国
23	中信银行	52.9	59.7	中国
24	招商银行	51.4	58.3	中国
25	三菱日联金融集团	49.4	39	日本
26	丰业银行	48.4	59.4	加拿大
27	澳大利亚国民银行	47.7	71.3	澳大利亚
28	曼迪利银行	46	66.5	印度尼西亚
29	中国光大银行	45.9	55.6	中国
30	泰京银行	45.3	69.1	泰国
31	MCB 银行	44.7	38.5	印度
32	中国工商银行	42.5	54.4	中国
33	布洛姆银行	41.3	19.5	黎巴嫩
34	日本瑞穗金融集团	40.5	41	日本
35	中国银行	40.4	55.6	中国
36	中国农业银行	38.7	52.8	中国
37	三井住友银行	35.5	43.1	日本
38	中亚银行	35.5	63.6	印度尼西亚
39	交通银行	35.3	49.8	中国

续表

排名	银行	境外贷款/境外资产（%）	总贷款/总资产（%）	国家
40	加拿大帝国商业银行	34.7	63.8	加拿大
41	美国银行	32.6	40.2	美国
42	旁遮普国家银行	30.1	58.1	印度
43	上海浦东发展银行	27.8	54.9	中国
44	暹罗商业银行	25.7	64	泰国
45	瑞士瑞信银行	24	37.5	瑞士
46	德意志银行	23.6	30	德国
47	加拿大皇家银行	17.3	44.6	加拿大
48	阿布扎比商业银行	15.4	59.5	阿联酋
49	摩根大通	12.6	36	美国
50	纽约梅隆银行	11.6	15.6	美国
51	道富集团	6.5	10.5	美国
52	高盛集团	1.8	8.5	美国
53	联合信贷集团	0.1	0.1	意大利

资料来源：浙大 AIF，各行历年年报。

第四章　Chapter 4

全球银行境外营收表现

本章聚焦全球银行的境外经营成果，以境外营业收入、境外（税前）利润等主要指标的表现来观察银行业国际化水平。在报告银行池中，有 74 家银行境外营收数据较为全面，全球性银行与区域性银行各 37 家。

4.1　境外营收规模：全球性银行波动，区域性银行增长

2018 年，汇丰集团、西班牙国际银行、花旗集团成为境外盈利能力最强的银行，境外营收规模均超过 350 亿美元，高出 74 家银行境外营收规模平均水平的四倍有余。区域性银行境外营收能力与全球性银行相距甚多，其表现最优者 Allied 银行（境外营收 90.4 亿美元）也仅排名第 23 位，不过也已高于 40% 的全球性跨国银行。

从营收增速来看，排名前两位的分别是土耳其担保银行和广发银行，增长率超过 100%，遥遥领先于其他银行。共有 22 家银行的境外营收呈现出负增长，占银行总数的 30%，其中，阿布扎比商业银行的负增长率超过了 100%。广发银行和土耳其担保银行的所属地分别为中国和土耳其，均为世界新兴经济体，尽管境外营收规模排名靠后，但在增速上的表现较为亮眼，境外业务不断拓展与丰富。如中资银行中，仅有中国银行和中国工商银行境外营收规模位列第 10 位和第 11 位之外，其余中资银行排名靠后，但增速居高，2018 年，光大银行境外营收增速为 51.8%，招商银行为 26%，中资股份制银行正在积极拓展海外市场。大型商业银行中，交通银行将践行"两化一行"战略，"走国际化综合化道路，建最佳财富管理银行。"2018 年，该行布拉格分行获批，墨尔本分行、交银金融资产投资有限公司正式开业，海外服务机构增加至 22 家，综合化服务延伸至债转股领域；中国农业银行、中国银行虽然营收出现下降，但境外资产和利润都在增加，说明其境外成本控制有度；中国工商银行 2018 年深耕改革追求银行的转型，处于调整期；中国建设银行缩减了境外资产，境外贷款有所增加，境外不良贷款率从 0.28% 上升至 0.46%，或是其境外营收和利润下降的原因之一。

表 4 - 1　2018 年全球银行境外营收规模排名①

排名	银行	2018 年境外营收（亿美元）	变化率（%）	国家
1	汇丰集团	464.9	-1.1	英国
2	西班牙国际银行	463.4	-5.1	西班牙
3	花旗集团	373.1	8.2	美国
4	法国巴黎银行	330.1	-1.4	法国
5	三菱日联金融集团	276.5	34.2	日本
6	摩根大通	257.4	15.8	美国
7	瑞银集团	229.6	1.7	瑞士
8	德意志银行	178.2	-6.8	德国
9	巴克莱银行	173.9	0.5	英国
10	中国银行	167.3	-2.8	中国
11	中国工商银行	143.5	-6.9	中国
12	高盛集团	142.8	12.7	美国
13	荷兰国际集团	140.2	2.0	荷兰
14	瑞士瑞信银行	134.4	1.1	瑞士
15	渣打银行	133	4.8	英国
16	加拿大皇家银行	123.3	4.9	加拿大
17	日本瑞穗金融集团	123	20.8	日本
18	联合信贷集团	114.2	3.6	意大利
19	摩根士丹利	108.1	6.7	美国
20	法国农业信贷银行	106.3	8.8	法国
21	丰业银行	104.1	8.9	加拿大
22	三井住友银行	102.9	15.1	日本
23	美国银行	102.4	-18.2	美国
24	Allied 银行	90.4	-7.9	巴基斯坦
25	蒙特利尔银行	68.3	5.2	加拿大
26	纽约梅隆银行	60.4	8.1	美国
27	法国 BPCE 集团	56.8	6.0	法国
28	道富集团	51.8	9.5	美国

①　本章所有银行营收、利润等规模类数据均根据 2018 年 12 月 31 日汇率转换为美元数据，部分银行近几年营收数据有所缺失，报告根据历年数据、本年相关数据在专家评议的基础上进行了预估。

续表

排名	银行	2018 年境外营收（亿美元）	变化率（%）	国家
29	法国兴业银行	51.8	36.7	法国
30	中国农业银行	46.6	−10.7	中国
31	新加坡星展银行	36.5	21.3	新加坡
32	马来亚银行	35.1	15.5	马来西亚
33	中国建设银行	30.6	−11.8	中国
34	华侨银行	30.3	8.2	新加坡
35	大华银行	29.1	6.2	新加坡
36	加拿大帝国商业银行	28.2	41.0	加拿大
37	澳大利亚联邦银行	27.9	5.7	澳大利亚
38	澳大利亚国民银行	23	7.0	澳大利亚
39	交通银行	19.3	15.6	中国
40	苏格兰皇家银行	16.5	24.1	英国
41	阿拉伯银行	15	4.2	约旦
42	上海浦东发展银行	14.1	7.6	中国
43	布拉德斯科银行	11.8	53.2	巴西
44	巴罗达银行	11.1	24.7	印度
45	中信银行	10.8	−7.7	中国
46	印度银行	7.4	7.2	印度
47	北欧联合银行	7.2	−12.2	瑞典
48	俄联邦储蓄银行	6.4	−47.5	俄罗斯
49	MCB 银行	6.3	—	印度
50	招商银行	6.2	26.5	中国
51	盘谷银行	5.3	26.2	泰国
52	新韩金融控股公司	4.2	44.8	韩国
53	国民联合银行	3.9	14.7	巴林
54	南非莱利银行	3.2	23.1	南非
55	旁遮普国家银行	3	−11.8	印度
56	新卢布尔雅那银行	2.9	3.6	斯洛文尼亚
57	马士礼格银行	2.5	−16.7	阿联酋
58	中国光大银行	2.4	50.0	中国
59	印度国家银行	2	25.0	印度

排名	银行	2018 年境外营收（亿美元）	变化率（%）	国家
60	以色列工人银行	2	-4.8	以色列
61	哈萨克斯坦人民银行	1.5	36.4	哈萨克斯坦
62	曼迪利银行	1.4	-17.6	印度尼西亚
63	泰京银行	1.3	-31.6	泰国
64	暹罗商业银行	1.2	20.0	泰国
65	布洛姆银行	1	11.1	黎巴嫩
66	印度尼西亚国家银行	0.6	-25.0	印度尼西亚
67	锡兰商业银行	0.5	66.7	孟加拉国
68	广发银行	0.4	100.0	中国
69	土耳其担保银行	0.4	100.0	土耳其
70	印度尼西亚人民银行	0.3	-25.0	印度尼西亚
71	伊斯兰银行	0.1	0.0	孟加拉国
72	中亚银行	0.028	-9.7	印度尼西亚
73	上海银行	0.009	—	中国
74	阿布扎比商业银行	-0.007	-102.5	阿联酋

资料来源：浙大 AIF，各行历年年报。

从时间维度来看，全球性银行与区域性银行境外营业收入均值的表现截然不同。全球性银行境外营收规模与其资产规模的变动相似，经历了三个周期的增减，截至 2018 年，全球性银行境外营业收入均值达 133.72 亿美元，依然比 2007 年的平均水平（150.24 亿美元）低 10%，可见当前银行的国际化水平仍未恢复至危机前的最优状态。而区域性银行的境外营收，尽管不足全球性银行的 1/15，却在后金融危机时代总体呈现出较为平稳的增长态势。2007 年，区域性银行的境外营收均值仅为 8.8 亿美元，2018 年，已增长至 11.8，增长率达 34.7%（见图 4-1）。

此外，受愈加复杂的经济形势、世界格局的影响，各类银行的国际化战略及经营出现分化。法国巴黎银行、汇丰集团、渣打银行这三家欧洲银行的境外营收变动反映了欧洲大型银行的三种发展态势（见图 4-2）。法国巴黎银行境外营收规模在近十年中稳步增长，相比 2007 年境外营收规模增长了 70%；汇丰集团境外营收规模最大，但在波动中有所下降，2018 年境外营收相比 2007 年减少了将近 100 亿美元；渣打银行境外营收则始终处于相对稳定的状态，2018 年相比 2007 年仅上升 26 亿美元。

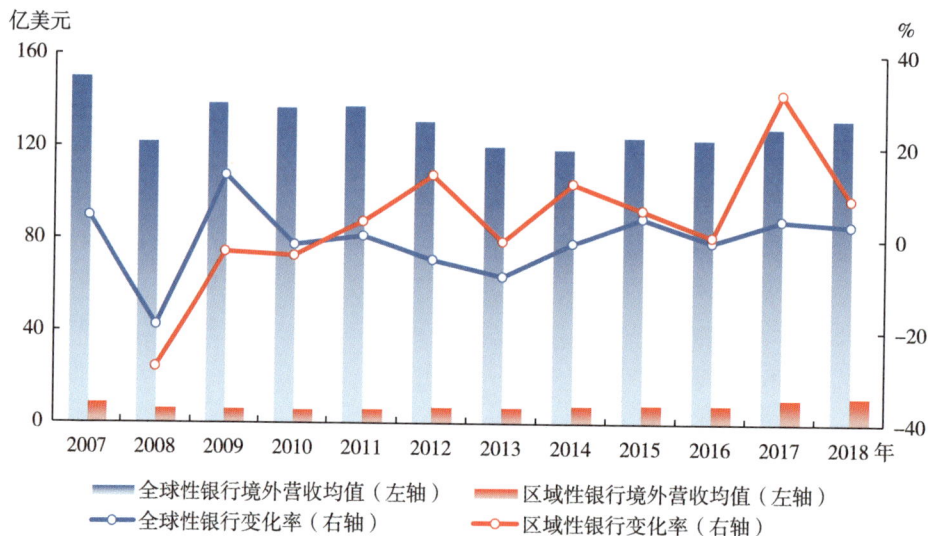

图 4-1　2007—2018 年全球银行境外营收均值与变化率

（资料来源：浙大 AIF，各行历年年报）

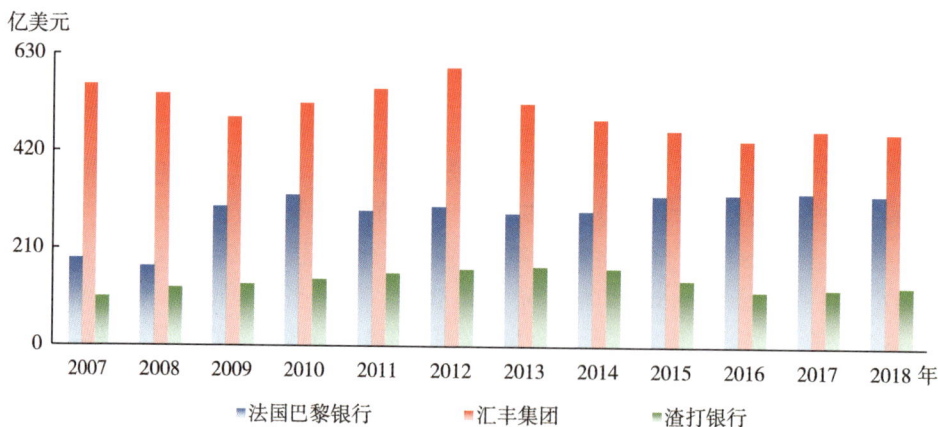

图 4-2　银行境外营收规模发展的不同趋势

（资料来源：浙大 AIF，各行历年年报）

　　这三家银行不仅反映了欧洲银行三种境外经营趋势，同时也是目前世界大银行的缩影：老牌银行体量大，境外业务线相对成熟，拓展新的盈利点较为困难，随着世界形势日益复杂，逆全球化声音时有出现，部分银行可能会调整经营战略，回归本土未尝不是一个好的选择，如美国银行境外营收下降了18.2%，但其总营收上涨了4.5%，其境内市场盈利性更强。当然也存在像法国巴黎银行一样积极拓展海外业务，发现盈利点的银行，如美国的高盛集团、道富银行，加拿大的加拿大皇家银行、丰业银行，日本的三菱东京日联银行、三井住友银行，中国的大型商业银行和部分股份制银行等。不同的战略反映出各家银行在面对全球经济形势变化时的不同判断，没有优劣，适合最重要。

4.2　境外营收占比：欧美稳定，中日追赶

在全球银行境外营收占比排名中，渣打银行以 88.8% 的境外营收占比位居排名首位（见表 4-2），其境外营业收入是境内营业收入的 8 倍左右；西班牙国际银行以 83.7% 的境外营收占比紧随其后；汇丰集团、法国兴业银行、北欧联合银行（区域性银行）、阿拉伯银行（区域性银行）的境外营收占比也均超过 70%，此类银行全球性经营已经十分深入，很难用单一国别来界定银行的经营范围。如北欧联合银行，尽管在本期报告中被划分为区域性银行，但其曾是北欧地区唯一的全球系统性重要银行，具有悠久的国际化历史，早在 2005 年银行境外营收占比就已经超过了 70%。紧追其后的阿拉伯银行境外营收占比为 70.4%，它的所属地约旦是个经济开放的小国，与周边国度联系密切，与欧盟国家有战略伙伴关系，收入来源不仅是其他的阿拉伯国家，还有欧洲的若干个国家，在整个中东经济中占有举足轻重的地位。

此外，74 家银行中，境外营业收入占比超过 50% 的银行共有 15 家，除三菱日联金融集团、花旗银行及阿拉伯银行不是欧洲银行外，其余 12 家都为欧洲银行。中资银行境外营收占比均值为 6%，不到渣打银行的十分之一。

表 4-2　2018 年全球银行境外营收占比排名

排名	银行	境外营收占比（%）	变化率（%）	国家
1	渣打银行	88.8	0.1	英国
2	西班牙国际银行	83.7	-5.1	西班牙
3	汇丰集团	73.1	-0.8	英国
4	法国兴业银行	72.2	4	法国
5	北欧联合银行	72.2	-7.7	瑞典
6	阿拉伯银行	70.4	-2.7	约旦
7	法国巴黎银行	67.9	0.1	法国
8	荷兰国际集团	67.5	-0.2	荷兰
9	巴克莱银行	65.1	0.2	英国
10	瑞士瑞信银行	63.5	1	瑞士
11	德意志银行	61.6	-2.5	德国

排名	银行	境外营收占比（%）	变化率（%）	国家
12	三菱日联金融集团	59	8.2	日本
13	瑞银集团	58.1	-1	瑞士
14	花旗集团	52.7	4.6	美国
15	联合信贷集团	52.1	-1.9	意大利
16	法国农业信贷银行	47.1	2.8	法国
17	大华银行	43.8	3.1	新加坡
18	新卢布尔雅那银行	43.3	1.5	斯洛文尼亚
19	美国道富银行	43.2	2	美国
20	华侨银行	42.8	7.2	新加坡
21	日本瑞穗金融集团	40.5	3.2	日本
22	蒙特利尔银行	40.4	1.7	加拿大
23	丰业银行	39.7	-16.4	加拿大
24	加拿大皇家银行	39.5	0.3	加拿大
25	高盛集团	39	-1.3	美国
26	新加坡星展银行	38.0	13.0	新加坡
27	纽约梅隆银行	36.8	2.5	美国
28	国民联合银行	32.4	8.0	巴林
29	马来亚银行	30.9	11.3	马来西亚
30	三井住友银行	29.9	1.1	日本
31	摩根士丹利	26.9	0.9	美国
32	摩根大通	23.6	5.8	美国
33	中国银行	22.8	-6.8	中国
34	加拿大帝国商业银行	21.5	28.4	加拿大
35	法国 BPCE 集团	20.7	4.8	法国
36	澳大利亚国民银行	17.2	1.1	澳大利亚
37	马士礼格银行	15.7	-12.9	阿联酋
38	澳大利亚联邦银行	15.2	-10.7	澳大利亚
39	锡兰商业银行	13.5	11.9	孟加拉国
40	巴罗达银行	12.8	10.8	印度
41	中国工商银行	12.7	-12.5	中国
42	印度银行	11.9	9.2	印度

续表

排名	银行	境外营收占比（％）	变化率（％）	国家
43	美国银行	11.2	−21.7	美国
44	新韩金融控股公司	10.6	24.4	韩国
45	布洛姆银行	10.1	16.2	黎巴嫩
46	盘谷银行	10.0	−18.4	泰国
47	南非莱利银行	9.0	15.4	南非
48	苏格兰皇家银行	7.8	19.6	英国
49	交通银行	6.2	6.6	中国
50	上海浦东发展银行	5.7	6	中国
51	哈萨克斯坦人民银行	5.7	0.4	哈萨克斯坦
52	中国农业银行	5.3	−19.9	中国
53	印度国家银行	5.1	17.4	印度
54	以色列工人银行	5.0	−6.9	以色列
55	中信银行	4.5	−11.9	中国
56	泰京银行	3.6	−4.3	泰国
57	旁遮普国家银行	3.5	−15.1	印度
58	中国建设银行	3.2	−16.7	中国
59	布拉德斯科银行	3.1	57.2	巴西
60	俄联邦储蓄银行	2.6	−50.6	俄罗斯
61	MCB 银行	2.6	59.1	印度
62	伊斯兰银行	2.6	−10.8	孟加拉国
63	暹罗商业银行	2.3	0.0	泰国
64	印度尼西亚国家银行	1.9	−22.3	印度尼西亚
65	曼迪利银行	1.9	−23.3	印度尼西亚
66	招商银行	1.7	12	中国
67	中国光大银行	1.5	26.5	中国
68	Allied 银行	0.7	−18.8	巴基斯坦
69	土耳其担保银行	0.5	91.2	土耳其
70	广发银行	0.5	105.5	中国
71	印度尼西亚人民银行	0.5	−21.2	印度尼西亚
72	中亚银行	0.1	−18.7	印度尼西亚
73	上海银行	0.0	/	中国
74	阿布扎比商业银行	0.0	−116.2	阿联酋

资料来源：浙大 AIF，各行历年年报。

从时间维度来看，相比于境外营收规模，全球性银行与区域性银行境外营收占比均值的差距相对较小，且近十年来无显著变化。全球性银行境外营收占比在金融危机后基本维持在 36% 左右，2018 年，全球性银行境外营收占比为36.6%，同比下降 0.76%。区域性银行境外营收占比均值则基本稳定在 16%的水平，始终不足全球性跨国银行一半。

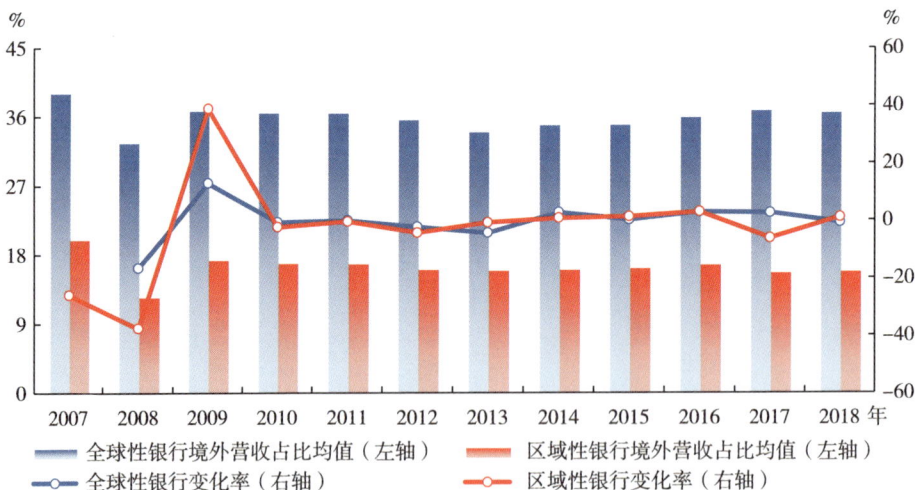

图 4−3　2007—2018 年全球银行境外营收占比均值与变化率

（资料来源：浙大 AIF，各行历年年报）

将观察视角细分至国家水平，以各国全球性银行营业收入占比均值为例，可以发现，不同国家国际化水平差距较为鲜明（见图 4−4）。欧洲的全球性银行境外营收占比基本维持在 50%~60%，远高于其他地区。美国的全球性银行境外营收占比与欧洲全球性银行基本保持 20 个百分点的差距，且多年来基本保持不变，与日本全球性银行的发展趋势形成了鲜明对比。日本全球性银行境外收入占比自 2013 年进入上升趋势，并且在 2016 年反超美国，2018 年与欧洲全球性银行境外收入占比的差距已缩小至 13 个百分点，超过全球平均水平，其积极开拓国际市场的努力可见一斑。中资银行与日本银行的趋势相近，不过基础较小，差距仍然较大。

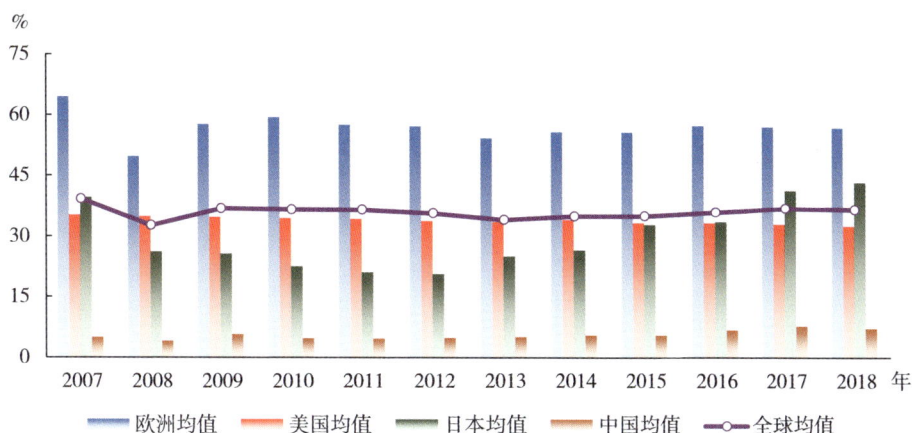

图 4 - 4　2007—2018 年全球性银行境外营收占比均值

（资料来源：浙大 AIF，各行历年年报）

4.3　境外利润表现：增长与降低并存，利润率逐年上升

对一家企业而言，境外经营往往面对着更加陌生的经济、政治与人文环境，风险与成本都更加难以控制，利润更容易发生波动。本节选择 55 家银行（全球性银行 31 家，区域性银行 24 家），对其境外利润数据进行分析，以更加细微地反映各银行的国际化经营成果。

2018 年，汇丰集团以 190.8 亿美元的境外利润规模高居首位，西班牙国际银行以 142.4 亿美元次之，随后是法国巴黎银行、花旗集团，日本三联金融集团增长出色，境外利润突破 110 亿美元，位列第五（见表 4 - 3）。中国银行境外利润方面也领先其他中资银行，以 99.5 亿美元位列第六。55 家银行中，只有以色列工人银行与苏格兰银行出现境外亏损，其中苏格兰银行亏损额达 5.6 亿美元，该行自 2008 年以来，除了 2015 年实现盈利之外，其余各年均处于亏损状态，但亏损额在逐年减小。

境外利润增速上，2018 年境外利润增长与降低并存，既有如南非莱利银行、蒙特利尔银行、华侨银行等增长率过百的银行，也有如印度尼西亚人民银行、马来亚银行、广发银行等境外利润大幅下滑的银行。中资大型商业银行中，除中国银行境外利润出现了小幅上涨以外，其余几家在 2018 年均出现了境外利润的下滑，其中，中国工商银行下滑幅度最大，下滑达 17.5%；股份制银行中，中国光大银行和招商银行增速喜人，分别达 67.8% 和 46.8%。

表 4 - 3　2018 年全球银行境外利润规模排名

排名	银行	境外利润（亿美元）	变化率（%）	国家
1	汇丰集团	190.8	24.6	英国
2	西班牙国际银行	142.4	3.0	西班牙
3	法国巴黎银行	122.1	24.1	法国
4	花旗集团	111.2	31.4	美国
5	三菱东京日联银行	110.2	70.9	日本
6	中国银行	99.5	2.6	中国
7	摩根大通	95	22.3	美国
8	荷兰国际集团	58.1	2.4	荷兰
9	加拿大皇家银行	50.6	73.5	加拿大
10	中国工商银行	48.4	-17.5	中国
11	巴克莱银行	47.7	15.3	英国
12	高盛集团	41.1	-0.6	美国
13	日本瑞穗金融集团	37.8	-5.8	日本
14	摩根士丹利	34.3	-27.2	美国
15	北欧联合银行	32.8	-16.9	瑞典
16	法国农业信贷银行	28.7	16.1	法国
17	纽约梅隆银行	27.1	16.4	美国
18	美国银行	26.8	-34.7	美国
19	丰业银行	25.4	-1.3	加拿大
20	渣打银行	24.5	-16.7	英国
21	联合信贷集团	19.9	-26.7	意大利
22	蒙特利尔银行	18.9	1119.2	加拿大
23	华侨银行	18.8	971.7	新加坡
24	法国 BPCE 集团	17.2	-10.2	法国
25	美国道富银行	16.6	35.3	美国
26	新加坡星展银行	16.4	-16.1	新加坡
27	中国建设银行	15	-15.7	中国
28	大华银行	13.9	11.2	新加坡
29	加拿大帝国商业银行	11.6	53.7	加拿大
30	交通银行	10	-0.6	中国
31	中国农业银行	8.9	14.1	中国

续表

排名	银行	境外利润（亿美元）	变化率（%）	国家
32	上海浦东发展银行	7.6	−1.0	中国
33	中信银行	4.8	−12.6	中国
34	招商银行	4.4	46.8	中国
35	俄联邦储蓄银行	4.3	−19.0	俄罗斯
36	盘谷银行	2.4	26.0	泰国
37	中国光大银行	1.5	67.8	中国
38	南非莱利银行	1.4	1574.5	南非
39	新卢布尔雅那银行	1.1	−37.0	斯洛文尼亚
40	曼迪利银行	0.9	19.9	印度尼西亚
41	泰京银行	0.4	54.4	泰国
42	广发银行	0.4	−757.9	中国
43	锡兰商业银行	0.3	107.2	孟加拉国
44	印度尼西亚国家银行	0.2	–	印度尼西亚
45	马来亚银行	0.1	−98.1	马来西亚
46	印度尼西亚人民银行	0.1	−55.4	印度尼西亚
47	MCB 银行	0.1	−25.1	印度
48	Allied 银行	0.1	−46.6	巴基斯坦
49	Acleda 银行	0.1	−35.0	柬埔寨
50	伊斯兰银行	0	−8.9	孟加拉国
51	暹罗商业银行	0	43.1	泰国
52	上海银行	0	34.5	中国
53	中亚银行	0	−45.8	印度尼西亚
54	以色列工人银行	−0.3	131.2	以色列
55	苏格兰皇家银行	−5.6	−55.0	英国

资料来源：浙大 AIF，各行历年年报。

从境外营收利润率的视角来看，金融危机后，尽管多有波折，但全球银行的境外银行利润率总体处于上升态势，这一趋势在 2012 年后更为显著。2018年全球银行境外营收利润率均值超过 40%，高于 2007 年平均水平（31%），全球银行的境外经营成果正在不断积累。

%

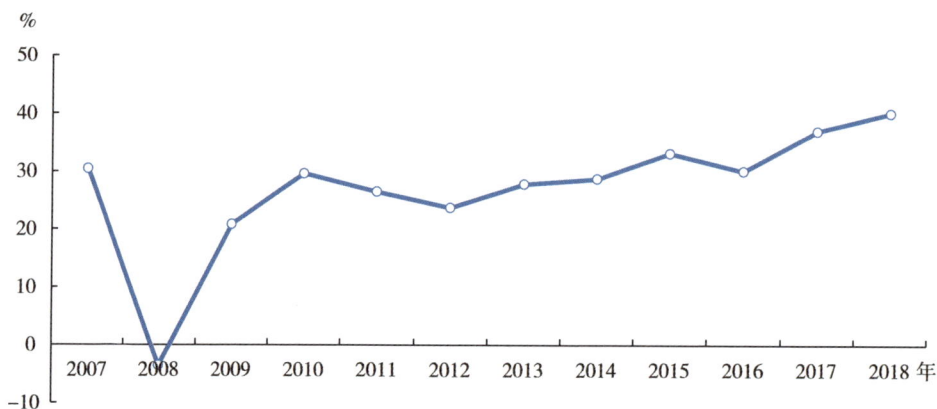

图 4-5　2007—2018 年全球银行境外营收利润率均值

（资料来源：浙大 AIF，各行历年年报）

当然，不同银行境外经营策略及业务模式不同，其境外经营利润率的表现也相应不同。表 4-4 以全球性银行为例，对各国代表性银行的境外营收利润率进行测算，可以发现，与大多数国际化数据表现不同，中资全球性银行营收利润率最高，为 45.4%。报告认为，中资银行境外营收以利息收入为主，非利息收入占比相对较少，贷款业务作为银行的传统业务，在经营上出错概率相对其他资本市场业务要小，复杂程度低，成本控制相对容易，因此，其境外营业利润率一般较高。日本银行与中资银行相近。而欧美银行的海外经营更加多元化，成本费率相对传统业务高，境外营收利润率便相对较低。

表 4-4　2018 年全球性银行境外营收利润率

境外营收利润率	2018 年（%）	2017 年（%）	增速（%）
中国均值	45.4	45.2	0.4
日本均值	44.2	39.5	11.8
欧洲均值	33.2	28.3	17.5
美国均值	32.1	32	0.4
全球性银行均值	34.1	30.9	10.3

资料来源：浙大 AIF，各行历年年报。

第五章　Chapter 5

全球银行境外布局表现

5.1　布局国家和地区数：总体稳定，增减互现

5.2　境外机构数：头部精简，底部扩张

随着互联网的快速发展，银行的全球布局拓展有了更多的选择，但境外实体机构依然是一家银行深入当地市场最为直接的手段，本节选择 58 家银行，对其境外布局、机构分支等情况进行分析。当前，银行的全球布局基本稳定，受全球经济和国际局势的影响，银行在布局调整上有不同的策略，扩张和收缩同时存在。

5.1 布局国家和地区数：总体稳定，增减互现

在境外布局上，全球性银行国际化水平总体较高，多面向全球广泛或重点布局，近十年来全球布局国家/地区数目基本维持在 37～39 个的平均水平（见图 5－1），一般包括金融市场活跃的发达国家、经济迅速增长的新兴经济体和地缘关系更为密切的邻近区域。而区域性银行的布局国家和地区数约占全球性跨国银行的三分之一，自 2007—2010 年上升后开始小幅波动，2018 年，区域性银行布局国家和地区数均值为 11 个。

布局国家和地区数目的变化率则可以更加明显地反映出两类银行的区别，尽管两者都处于波动之中，但区域性银行境外分布的波动更大，受经济环境的影响较为明显，在"走出去"的过程中需要更加谨慎地识别并规避国际化风险。

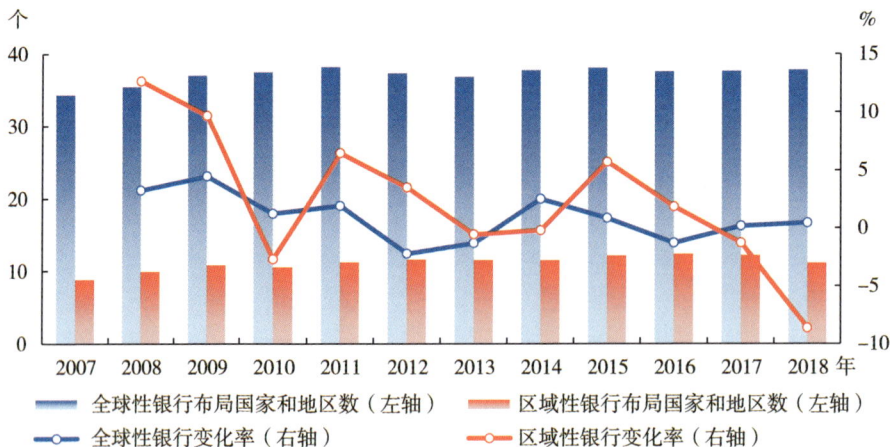

图 5－1 2007—2018 年全球银行布局国家和地区数均值与变化率

（资料来源：浙大 AIF，各行历年年报）

具体来看，全球性银行中，尽管总体布局较广，但各家银行差距鲜明。表 5－1 对部分全球性银行全球布局情况进行了展现，总体而言，欧美国家的银

行在全球布局上优于中国，但相对于欧洲，国内市场体量庞大的美国全球布局也较为简单。从表现最优者来看，美国花旗集团全球布局最广，在 98 个国家和地区均有营业，法国巴黎银行则在 72 个国家和地区实现运营，中国以中国银行为最广，已布局 57 个国家和地区。从各国银行间差距来看，欧洲银行水平最为相近，全球布局多超过 40 个国家和地区，美国与中国的银行差距较为明显，美国各家银行的总体实力远高于中资银行，中资银行的全球布局表现远没有其银行规模那么突出。

表 5-1 2018 年全球性银行布局国家和地区数

单位：家

银行（美国）	国家和地区数	银行（欧洲）	国家和地区数	银行（中国）	国家和地区数
花旗集团	98	法国巴黎银行	72	中国银行	57
摩根大通	60	法国兴业银行	67	中国工商银行	48
富国银行	37	汇丰银行	65	中国建设银行	30
美国银行	35	法国 BPCE 集团	62	中国农业银行	17
纽约梅隆银行	35	德意志银行	60	交通银行	17
摩根士丹利	35	渣打集团	60	招商银行	8
高盛集团	30	瑞士瑞信	50	中信银行	6
		荷兰国际	40	中国光大银行	5
		法国农业信贷银行	47	上海浦东发展银行	4
		西班牙国际银行	23	兴业银行	2
中位数	35	中位数	70	中位数	13

资料来源：浙大 AIF，各行年报。

当然，国内市场的体量及开放程度很有可能影响银行的国际化战略，但即使是拥有同样的国内市场，银行的国际化路径也可能截然不同。如印度的巴罗达银行与旁遮普银行，同属印度，且资产体量相当，境外布局却差距明显（见图 5-2）。一方面，二者因经营战略不同在国际化发展上差异鲜明，巴罗达银行的分布国家和地区数长期为旁遮普银行的 3 倍。2018 年，巴罗达银行在五大洲 23 个国家和地区都设有分行或是合营企业。其中，75% 的为英联邦国家，当年，巴罗达银行成为"英联邦小国贸易融资机构"的资金管理方，旨在向英联邦中发展较缓慢的国家贷款以帮助其更好地融入国际贸易。而旁遮普银行所涉足的国家和地区除传统的金融中心国家外，均处于印度周边，如不丹、尼泊尔，总体集中于亚洲地区。另一方面，两家银行受印度经济的影响在

2018 年境外国家和地区数均有所下滑。印度银行业坏账率高达 11.6%，仅次于意大利，且坏账率高发的主体是占银行业三分之二的印度国有大银行。2017年，印度政府开始对国有银行重组来缓解这一危机：巴罗达银行和另外 2 家国际化初具成效的国有银行德纳银行、维贾雅银行合并，并计划于 2019 年关闭圭亚那、特立尼达和多巴哥以及加纳的分支机构，可以预见未来巴罗达银行的海外版图将会有所变化。同样，旁遮普银行与东方商业银行、联合银行的合并也属于印度宣布的一系列涉及 10 家国有银行的合并计划之一，旨在形成规模效益、厘清坏账、提振经济。

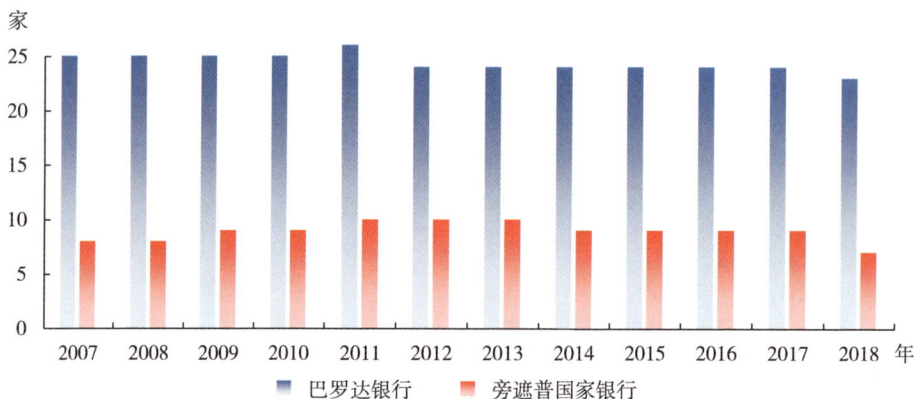

图 5 - 2　巴罗达银行和旁遮普银行布局国家和地区数对比

（资料来源：浙大 AIF，各行历年年报及官网）

此外，银行的境外布局变动要比其境外资产/营收的变动更为困难，从一个市场中撤离需要考虑种种因素、完成各项交接，更不用说开拓一个新市场的艰难与不易。因此，各家银行全球布局的（大幅）变动往往可以体现出该行经营策略的重大转变。从表 5 - 2 中可以看出，全球性银行的全球布局扩张与收缩同时存在（当然也有银行保持不变）。2018 年，以澳大利亚联邦银行、日本瑞穗金融集团为代表的部分银行扩大了其海外的市场，而以富国银行、汇丰银行为代表的部分银行因为种种原因缩减了海外业务，中资银行中，中国银行、中国工商银行、中信银行、中国光大银行海外布局均有所扩张，总体呈现上升态势。

表 5 – 2 2018 年全球性银行布局国家和地区数变动率排名

增幅排名	银行名称	2018 年变动率	布局国家和地区数	
			2018 年	2017 年
1	澳大利亚联邦银行	36.4	15	11
2	中国光大银行	25.0	5	4
3	中信银行	20.0	6	5
4	日本瑞穗金融集团	8.6	38	35
5	中国银行	5.6	57	54
6	中国工商银行	4.3	48	46
7	法国巴黎银行	2.9	72	70

减幅排名	银行名称	2018 年变动率	布局国家和地区数	
			2018 年	2017 年
1	富国银行	−11.9	37	42
2	西班牙国际银行	−8.7	21	23
3	法国农业信贷银行	−4.1	47	49
4	汇丰集团	−3.0	65	67
5	美国银行	−2.8	35	36
6	加拿大皇家银行	−2.7	36	37

资料来源：浙大 AIF，各行历年年报。

相较全球性银行，区域性银行国际化发展起步晚，布局较弱。2018 年，南非莱利银行以 39 个国家和地区的分布位居区域性银行首位，仅 42.5% 的区域性银行布局 10 个国家和地区以上。在国际化拓展上，区域性银行显然比全球性银行走得更加艰难，2018 年，以色列工人银行境外布局从上年的 7 个地区下降至 3 个，降幅为 57.1%。2017 年，该行境外利润由正转负，2018 年境外业务持续亏损，这迫使以色列工人银行减慢国际化步伐，调整境外业务，2018 年该行暂停在瑞士的相关业务，瑞士子公司的相关资产已经出售给 bank J. Safra Sarasin。当然，也有银行做出了不同的选择：暹罗商业银行在 2016 年、2017 年境外业务也呈现亏损状态，但该行仍然未停止国际化脚步，而是通过整合现有资源、发展移动支付的方式降低成本、增加收入。2018 年该银行宣称将关闭 100 家使用频率较低的分行以实现在 2020 年将服务成本降低 30% 的目标，并与支付宝合作在泰国多地推出电子支付以方便游客，2018 年 2 月移动支付增长率达到 187.3%。

5.2 境外机构数：头部精简，底部扩张

银行布局国家和地区数目可以反映出银行的国际化广度，其境外机构数则可以从另一个侧面反映其国际化深度，本节选取 47 家境外机构数据较为全面的银行进行分析。

2018 年，西班牙银行、法国兴业银行、马来亚银行境外机构数均超过 2000 家，成为境外分支机构数最多的三家银行。其中，马来亚银行是表现最为亮眼的区域性银行，其境外分支机构遍布东盟十国，延伸至伦敦、纽约等国际金融中心，马来西亚、新加坡和印度尼西亚均为其业务的开拓重心，分支机构数共计 791 家，创造了 90% 的营业额。与此同时，也有很多银行对国内市场的把握较好，总机构数保持平稳发展，但境外网络远未成形，仅有寥寥几家境外分支机构。如排名最后的中亚银行由于位于地缘结构过于分散的印度尼西亚，全境业务需求覆盖面积大，致力于在各个板块的业务投入，对境外市场的挖掘始终不够到位。

表 5 – 3　2018 年全球银行境外分支机构数排名

排名	银行名称	境外分支机构数（家）	变化率（%）	国家
1	西班牙国际银行	8790	−2.6	西班牙
2	法国兴业银行	2742	−9.0	法国
3	马来亚银行	2316	4.3	马来西亚
4	联合信贷集团	1349	−23.9	意大利
5	三菱东京日联银行	1200	0.0	日本
6	俄联邦储蓄银行	1127	0.1	俄罗斯
7	德意志银行	655	−30.5	德国
8	蒙特利尔银行	575	−0.3	加拿大
9	中国银行	548	0.5	中国
10	法国巴黎银行	535	9.0	法国
11	大华银行	436	0.5	新加坡
12	中国工商银行	426	1.6	中国
13	渣打银行	378	2.7	英国
14	新卢布尔雅那银行	233	−3.7	斯洛文尼亚
15	印度国家银行	208	1.0	印度
16	瑞士瑞信银行	199	−8.0	瑞士

续表

排名	银行名称	境外分支机构数（家）	变化率（%）	国家
17	布洛姆银行	138	−7.4	黎巴嫩
18	阿拉伯银行	126	0.8	约旦
19	国民联合银行	117	−0.8	巴林
20	巴罗达银行	106	6.0	印度
21	交通银行	66	1.5	中国
22	印度银行	60	1.7	印度
23	约旦贸易金融开发住宅银行	55	0.0	约旦
24	中信银行	44	6.8	中国
25	盘谷银行	32	0.0	泰国
26	中国建设银行	29	−3.4	中国
27	马士礼格银行	26	0.0	阿联酋
28	中国农业银行	22	0.0	中国
29	锡兰商业银行	19	0.0	孟加拉国
30	布拉德斯科银行	13	8.3	巴西
31	土耳其担保银行	10	−9.1	土耳其
32	MCB 银行	10	−9.1	印度
33	招商银行	9	0.0	中国
34	泰京银行	9	/	泰国
35	暹罗商业银行	8	60.0	泰国
36	曼迪利银行	7	16.7	印度尼西亚
37	旁遮普国家银行	6	−45.5	印度
38	阿布扎比商业银行	5	0.0	阿联酋
39	哈萨克斯坦人民银行	5	0.0	哈萨克斯坦
40	印度尼西亚国家银行	5	0.0	印度尼西亚
41	中国光大银行	4	25.0	中国
42	上海浦东发展银行	3	0.0	中国
43	伊斯兰银行	3	0.0	孟加拉国
44	Allied 银行	2	0.0	巴基斯坦
45	广发银行	2	0.0	中国
46	中亚银行	2	1.1	印度尼西亚
47	兴业银行	1	0.0	中国

资料来源：浙大 AIF，各行历年年报。

从境外机构数目的变动来看，境外分支机构数目较多的银行，国际化程度更高，且多有精简的趋势，银行境外分支机构变化率一般为负；而境外分支机构数目较少、国际化程度亟待提升的银行，2018 年的境外机构则以增加为主。如蝉联第一的西班牙国际银行拥有 8790 家境外机构，但其近年来机构数呈现下降态势，2016—2018 年三年连续下降，2018 年减幅为 2.6%。而境外机构不足其 1/20 的中国工商银行，自 2008 年起境外机构数目便一直保持着较高的增速，2018 年同比增长 1.6% 至 426 家。

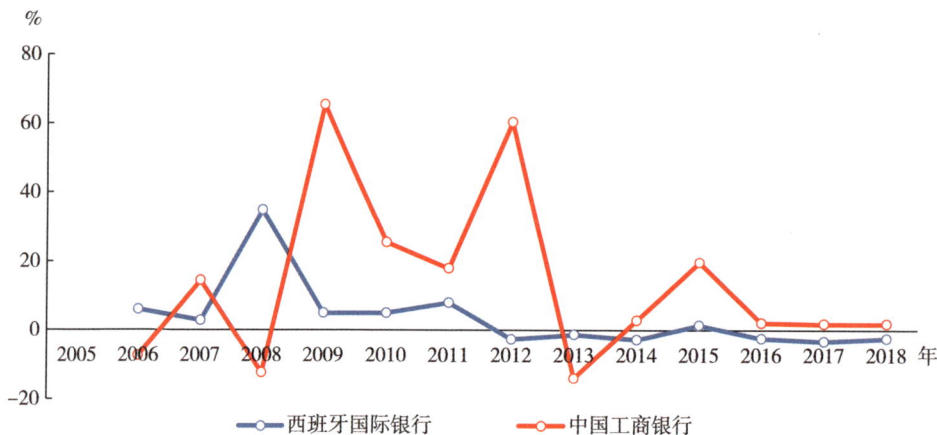

图 5-3 西班牙国际银行和中国工商银行境外机构变化率

（资料来源：浙大 AIF，各行历年年报）

从境外机构占比来看，欧美银行的先发优势则更为明显（见图 5-4）。一方面，欧美银行境外机构与境内机构数目相近，境外发展的深度十分可观；另一方面，虽然许多欧美银行国际化战略的调整，其境外机构占比有显著下降，经营重心更多转向国内，这一趋势与全球银行业的总体趋势相近。相比之下，中资银行境外机构布局深度虽远不如国内市场，但 2018 年依然有小幅提升，努力实现"走出去"。

%

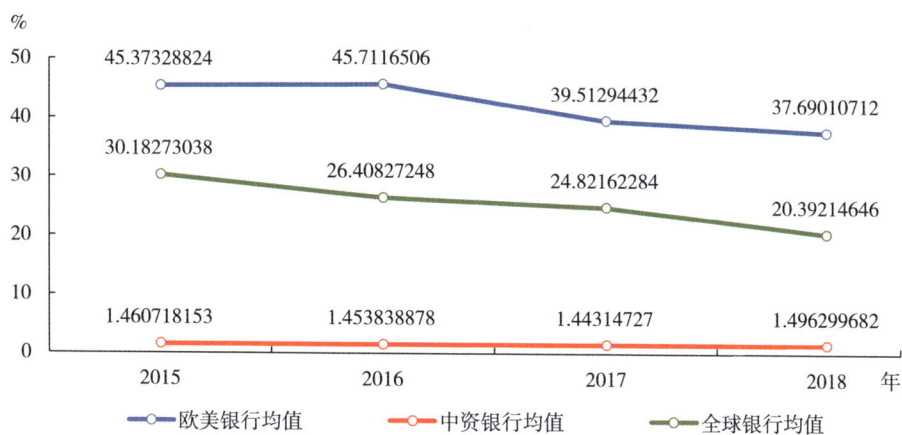

图 5 - 4 2015——2018 年全球性银行境外机构占比 （按地区）

（资料来源：浙大 AIF，各行历年年报）

第六章　Chapter 6

全球银行国际化展望

银行业的国际化发展既非一日之功，也不是一行之力便可实现。时至今日，国际化水平最高的全球银行，或多或少受到了国内市场开放、地理区位优势、国际化战略悠久等多方面的综合影响，才能在全球经济舞台上大放异彩。尽管经济全球化不断遭遇波折，我们仍然相信开放才是全球经济发展的主旋律。未来，国际化人才将不断增多、数字化转型将愈演愈烈、"一带一路"推进将带来更多机遇，希望在国际化发展上更进一步的银行，应当有顺时而谋的智慧，紧抓"走出去"机遇，更需要十年一剑的毅力，拥有长远发展的眼光与格局。

6.1　国际化人才：十年树木，百年树人

银行走向国际化的背后必不可少需要国际化人才的支撑，而人才的国际化，主要体现在两个方面：一是境外员工的整体比例，这是对企业境外发展规模的基本反映，当前，美国、日本和欧洲等国家与地区的银行在境外雇员规模与占比上均有明显优势（见表 6 - 1）。

表 6 - 1　2018 年全球性银行境外雇员排名

排名	境外雇员总量（人）		境外雇员占比（%）		境外雇员增速（%）	
1	汇丰集团	175843	渣打银行	94.3	中国光大银行	37.3
2	西班牙国际银行	171845	西班牙国际银行	84.8	兴业银行	17.1
3	法国巴黎银行	139325	荷兰国际集团	74	上海浦东发展银行	16.7
4	法国兴业银行	82611	汇丰集团	72.4	瑞银集团	12.8
5	渣打银行	82561	瑞银集团	68.8	招商银行	9.5
6	三菱日联金融集团	57772	联合信贷集团	65.8	中国建设银行	8.8
7	联合信贷集团	57117	瑞士瑞信银行	65.3	巴克莱银行	7.7
8	德意志银行	50068	法国兴业银行	58.9	中国工商银行	6.3
9	瑞银集团	46048	德意志银行	54.6	中国银行	6.1
10	荷兰国际集团	38633	三菱日联金融集团	52	三菱日联金融集团	5.8
11	法国农业信贷银行	37346	法国农业信贷银行	50.9	交通银行	5.1
12	巴克莱银行	33600	高盛集团	46.2	法国 BPCE 集团	4.7
13	瑞士瑞信银行	29840	巴克莱银行	40.2	法国巴黎银行	1.1
14	中国银行	24322	苏格兰皇家银行	30.9	汇丰集团	0.8
15	中国工商银行	22347	澳大利亚联邦银行	17.5	荷兰国际集团	0.7

续表

排名	境外雇员总量（人）		境外雇员占比（%）		境外雇员增速（%）	
16	苏格兰皇家银行	20800	法国 BPCE 集团	11.5	渣打银行	0.4
17	高盛集团	16900	日本瑞穗金融集团	8.4	苏格兰皇家银行	0.4
18	法国 BPCE 集团	12086	中国银行	7.8	法国农业信贷银行	-0.4
19	澳大利亚联邦银行	8617	中信银行	6.5	瑞士瑞信银行	-1.7
20	日本瑞穗金融集团	5030	中国工商银行	5	日本瑞穗金融集团	-3.4
21	中信银行	3689	交通银行	2.7	高盛集团	-3.4
22	交通银行	2452	招商银行	0.8	联合信贷集团	-4.1
23	中国建设银行	985	中国光大银行	0.6	西班牙国际银行	-4.2
24	中国农业银行	668	上海浦东发展银行	0.5	德意志银行	-9
25	招商银行	590	兴业银行	0.5	法国兴业银行	-9.4
26	上海浦东发展银行	300	中国建设银行	0.3	澳大利亚联邦银行	-15.5
27	兴业银行	295	中国农业银行	0.1	中国农业银行	-17.7
28	中国光大银行	276				
均值		40070		34.1		2.7

资料来源：浙大 AIF，各行历年年报。

二是银行高级管理人员的国际化状态。相比普通员工，银行的高级管理人员将对银行的国际化战略、治理等产生更加直接与深刻的影响，因此他们的国际化教育及工作经历更能体现一家银行国际化的态度与潜力。图 6-1 以 10 家全球性中资银行为代表，展现了当前中资银行高级管理人员的国际化水平。目前，全球性中资银行拥有境外经历的高管平均占比不足 1/3，大型商业银行相比股份制银行国际化人才储备更强。对于国际化探索时间较短的中资银行而言，这一比例或许表现尚可，但在全球经济环境日益复杂的背景下，中资银行需要更多专业能力强、具有全球战略眼光的领军人物，带领其更稳更好地"走出去"。

总体来看，无论是普通员工还是高级人才，处于国际化早期阶段的银行与国际大银行相差甚远，是其未来国际化发展不可忽视的关键点。当前越来越多的高校与金融机构意识到了国际人才的重要性，开始注重金融人才的国际交流与培养，当然，"十年树木，百年树人"，国际化人才需要的不仅仅是国际教育与工作经历，更要对国际形势、国际市场、各地文化具有深刻理解，并具备指导银行可持续国际化发展的战略眼光与格局，而这样的人才培养也需要长期、多方的努力。

%

图 6-1 两类中资银行拥有境外经历的高管占比①

（资料来源：浙大 AIF，各行历年年报）

6.2 数字化转型：让银行服务触手可及

随着金融科技实践的如火如荼与其理论研究的愈加深入，金融行业的数字化转型也成为热点，金融科技与持牌金融机构间的互动愈加频繁、融合愈加深入。一方面，以大数据、人工智能、分布式技术、信息安全技术等为代表的金融科技技术不断应用在持牌金融机构的各类业务中，成为金融行业转型升级的重要通道；另一方面，以商业银行为代表的持牌金融机构愈加重视金融科技创新，成为金融科技实践的积极参与者，相信在可以预见的未来，持牌金融机构将成为推动金融科技领域持续进步与普惠共享的重要力量。据相关研究报道，中国互联网金融的市场渗透率已达42%，众多银行纷纷热议金融科技创新与数字化转型，但在战略规划、生态搭建、综合发展等方面仍显稚嫩。与此相对应，国际领先的外资银行平均每年投入税前利润的17%~20%用于数字化转型和创新，对金融科技的应用自然更加系统而深入。

当然，银行的数字化转型，对其国际化发展的意义而言，不仅仅在于技术的升级与更新，更多地在于借助互联网"天生的国际化"特性，将全球化的理念与认知植根于银行网络建设的基因中，利用互联网全球互联的特性，将银行的业务带向世界各地，更加便捷地、大范围地、创新性地实现银行的国际化。

---

① 本图中高管包括董事、监事、高级管理人员；境外经历包括跨境留学、境外工作等。

- 兴业银行成立国内首家金融科技子公司——兴业数金
- 中信银行与百度合作成立首家获批的独立法人形式的直销银行——百信银行

- 浙商银行推出业内首款基于区块链技术的企业应收款链平台
- 泰隆银行与部分信息安全公司联合成立"泰隆银行信息安全联合实验室"

- 中国平安成员企业金融壹账通推出金融业首个开放平台Gamma O，赋能开放银行
- 中国银行金融科技子公司正式开业，全国银行系金融科技公司逼近10家

```
2015        2016        2017        2018        2019 年
```

- 招商银行推出智能化基金投资顾问——摩羯智投
- 宁波银行推出大数据平台——"海王星"

- 江苏银行实现首单区块链跨行天线业务交易
- 中国银行披露金融科技版图"1234"战略

图 6－2 中资银行数字化转型代表事件

（资料来源：浙大 AIF，各行官网）

6.3 "一带一路"：走进丝路，走向全球

自 2013 年"一带一路"倡议提出，其国际影响力不断提升，朋友圈逐步拓展，相关顶层规划及重大里程碑事件均成为全球舆论关注焦点。截至 2018 年底，中国已累计同 122 个国家、29 个国际组织签署了 170 份政府间合作文件，亚洲、非洲、欧洲、大洋洲、拉丁美洲的众多经济体均参与其中。作为一项旨在造福世界各国人民的伟大事业，"一带一路"倡议将在相当长的一段时间内为各国金融机构的国际化交流与发展提供重大机遇，推动国际多边金融机构与各类商业银行不断丰富投融资机制，提供多样化融资渠道，解决"一带一路"建设中的资金问题，为全球协作发展、共同进步提供可能。

截至 2018 年末，11 家中资银行在 28 个"一带一路"沿线国家设立了 76 家一级机构，与此同时，来自 22 个沿线国家的 50 家银行在中国设立 7 家法人银行、19 家外国银行分行和 34 家代表处，2 家中资证券公司在新加坡、老挝设立合资公司，"一带一路"沿线银行的交流与互动在不断加深。

表 6－2 "一带一路"沿线银行国际化进展

时间	中资银行走向"一带一路"
2015 年 6 月	11 家中资银行在 23 个"一带一路"沿线国家设立 55 家一级分支机构
2016 年 12 月	9 家中资银行在 26 个"一带一路"沿线国家设立 62 家一级机构
2017 年 12 月	10 家中资银行在 26 个"一带一路"沿线国家设立 68 家一级机构
2018 年 12 月	11 家中资银行在 28 个"一带一路"沿线国家设立 76 家一级机构

续表

时间	"一带一路"沿线银行进入中国市场
2015 年 6 月	21 个国家的 55 家商业银行在华设立 7 家子行、17 家分行、41 家代表处
2016 年 12 月	20 个国家的 54 家商业银行在华设立 6 家子行、1 家财务公司、20 家分行、40 家代表处
2017 年 12 月	21 个"一带一路"国家的 55 家银行在华设立子机构
2018 年 12 月	22 个沿线国家的 50 家银行在中国设立 7 家法人银行、19 家外国银行分行、34 家代表处

资料来源：浙大 AIF，银保监会相关报道。

"一带一路"建设带来的金融开放与交流机会是面向全球金融市场与金融机构的，随着沿线基础设施建设的不断推进、资金贸易往来的愈加频繁、思想文化交流的持续深入，"一带一路"的道路将越走越宽阔，希望在国际化道路上更进一步的银行机构也应当积极抓住这一面向全球、倡导多边的合作机遇，走进沿线市场，在提升沿线金融服务质量的同时提高自身的国际化水平。

银行国际化指数（BII）的构建

定义BII

编制BII

BII内涵

BII数据处理

　　银行国际化是指银行从事国际金融业务，到海外建立机构开展业务，其经营由国内发展到国外，从封闭走向开放的过程。《顺时而谋　十年一剑——全球银行业国际化报告》与前几期"银行国际化系列报告"一脉相承，沿用银行国际化指数（Bank Internationalization Index，以下简称 BII），分市场梳理全球银行业国际化现状。

定义 BII

　　科学来讲，金融机构的国际化不仅体现在其境外业务的扩张及境外分支机构的设立上，更为重要的是其在国际金融市场中话语权与定价权的掌握。同理，银行的国际化发展也包含"硬实力"与"软实力"两个方面的整体提升。"硬实力"通过具体的数字得以体现（如境外分支机构数量、境外资产、境外营业利润等），可以展示一家银行国际化的基本水平；而"软实力"则无法通过简单的量化指标完全展现（如在国际金融业界的话语权、定价权等），且"软实力"的发展是国际化发展的更高水平。因"软实力"衡量标准难以确定，我们目前暂时以"硬实力"为主要描述对象。报告所述"银行国际化"是指商业银行基于商业利润目标，积极在海外拓展分支机构、参与跨境并购，形成广泛国际网络，全面发展境外存款、贷款、国际结算等国际业务的过程。与此同时，本期尝试以"国际治理能力"与"全球影响力"对银行国际化的"软实力"进行评价，得到"调整后 BII"，对 BII 体系做补充探索。

　　需明确的是，中国主要银行的 BII 着重研究中国主要银行的境外发展而非国外发展，港澳台均以境外地区计算，主要是考虑到港澳台的市场规则、开放程度等更接近国际市场，中国主要银行在这些地区的业务尝试与探索也是对国际市场的接触与适应。而外资银行的 BII 在测算过程中则受数据限制的影响，将对部分银行境外地区的范围予以近似处理。

编制 BII

　　本报告编制 BII 以系统性、科学性与动态可调整性为总体原则，从指标选取到模型建立，均在专家团队的指导下进行，以确保对中外资银行国际化水平的客观、合理衡量。

BII 编制原则

第一，全面性和系统性相结合。我们在选取 BII 指标时除关注银行进入海外市场的方法、路径外，还强调了银行进入境外市场后的业务开展状况，力图使 BII 既反映中外资银行在世界范围内的覆盖广度，又体现其在某一地区的发展深度。尽可能合理、真实、全面地反映中外资银行在境外的发展情况。在注重单个指标概念与内涵的同时，也注意了指标之间的系统性和相关性，使整个指标体系多元统一，从不同角度、不同层次对各家银行国际化做出综合反映。

第二，坚持科学性与可操作性。BII 的设计，基于传统国际金融、公司金融和商业银行经营管理理论、结合中外资银行海外发展的现状和特点及具体案例，既揭示了银行国际化的普遍规律，又反映出不同类型银行海外发展的差异性。同时，为更好地了解中外资银行海外发展的现状，我们尽可能地确保数据的可得性与可操作性，对于少量无法直接获取的数据，结合已有数据和信息进行估算，提高数据可信度。

第三，兼顾稳定性与灵活性。为确保评估结果的现实解释力和可持续性，BII 的指标及其权重设法保持了一定的稳定性，减少频繁变动，但稳定并不意味着僵化。金融机构的国际化是一个长期战略，其海外发展在不同阶段也有着各自的特征。为准确、客观地反映中外资银行国际化进程，我们在编制 BII 指标及其权重时会与其国际化实践相结合，在不同阶段做出动态调整。

BII 指标体系

本期报告沿用优化后的 BII 体系，保持两级共八大指标的架构，一级指标将用于 BII 评分的得出，二级指标将在行文分析中进行详细解读。

对各指标的具体内涵解释如下：

（1）境外资产比重：通过境外资产占比衡量境外发展的成果和后续发展的基础，同时，资产是规模的基本体现，该指标可以直接反映出各银行境外规模的差异；

（2）境外客户存款比重：存款是客户对银行认可度的一种体现，境外存款占比可以体现银行在境外的认可度，但存款客户的类型也值得注意，对中国主要银行而言，外籍客户数量相比海外华籍客户数量更能体现银行的国际化水平；

（3）境外客户贷款比重：从中国主要银行的角度来看，贷款利息仍是中国主要银行盈利的主要来源，贷款数量及其占比反映出中国主要银行的境外主营业务发展情况；

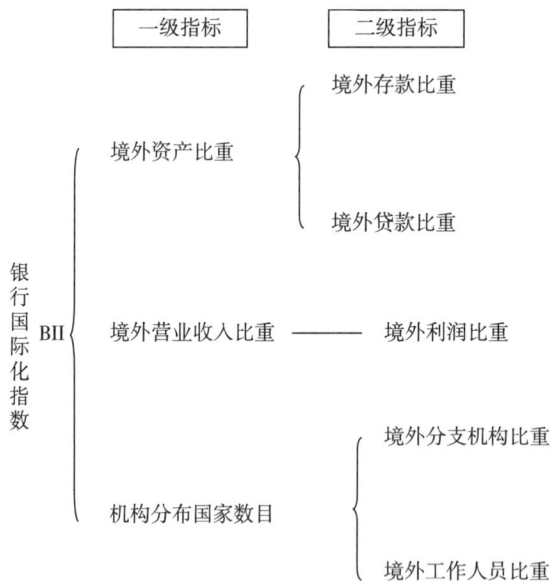

（4）境外营业收入比重：反映业务经营的基本状况，通过境外营业收入占比可以反映出银行的境外业务拓展情况；

（5）境外利润比重：反映银行境外盈利水平，十分重要，在数据可以获得的前提下，本指标均选取税前利润；

（6）机构所在国家相对数：境外分支机构覆盖的国家与地区数目越多，说明该银行的国际化水平越高，主要体现的是银行境外分支机构的分布广度。同时，为与其他相对性指标保持一致，本指标以世界主要国家数（以各年联合国会员国数目代替）为基准，对该指标进行衡量；

（7）境外分支机构比重：与机构所在国家数相区别，本指标重在体现银行境外分支机构的分布深度，境外分支机构占比越高，国际化程度越高；

（8）境外雇员比重：境外雇员占比也是体现银行国际化水平的一项重要指标，但某些银行业务对雇员数量的要求不高，因此应与其他指标相结合。

BII 内涵

BII 的内涵应做如下解读：如果某家银行的境外业务为其全部业务，即该家银行的所有活动均在境外进行，完全以国际市场作为自己的发展市场，则其指标得分值应为 100；反之，若其经营活动完全不涉及国外市场，所有业务均在国内进行，则其指标得分值应为 0。所以 BII 的数值越大，表明该银行在经营活动中越多地参与到了国际市场中，其国际化程度便越高。

当然，一家银行若是有国际化发展的必要，其国际化发展必然会经历由国内市场到国际市场的过程，一般而言，大多数银行不会放弃国内市场而完全依赖国际市场谋求发展，因此，并不会出现某家银行的 BII 得分高达 100 分的情况。同时，由于我国金融市场的开放时间较短，中国主要银行的国际化水平仍然较低，因此 BII 得分可能大多偏低，体现出其未来巨大的成长空间。

BII 数据处理

本期报告的研究对象主要集中于中资大型商业银行、中资股份制商业银行、全球系统重要性银行、部分非系统重要性跨国银行及部分"一带一路"沿线银行。选取大型商业银行和股份制银行作为研究对象，旨在揭示中资商业银行的国际化路径和现状，力图对此类银行日后的发展提供参考；选取全球系统重要性银行则是为了对当今世界国际化发展的前沿水平有所了解，并据此对中资商业银行的国际化发展路径提供借鉴；选取非系统重要性跨国银行是为了补充完善报告分析主体，更加全面地展现当今世界银行业的国际化现状；选取"一带一路"沿线银行不仅有助于反映这一战略为沿线银行带来的国际化效应，还能揭示新兴市场银行独特的国际化路径。

报告的分析数据均来自各家银行的官方年度报告。中国主要银行中，同时发布 A 股和 H 股年报的银行，选取其 A 股年度报告作为原始资料来源；外资银行中，年报来源以美国证监会网站 10 - k、20 - F 类型文件及各家银行官网披露文件为准。

从指数评价的时间来看，中资大型商业银行的境外数据多从 2007 年开始有较高的可得性，中资股份制银行和"一带一路"沿线银行可得数据的时间则更为分散，外资系统重要性和区域重要性银行因为发展时间较为久远，数据可得时间更长。同时，随着各家银行对年度报告统计规则的调整，境外数据的可得性会出现变化。例如，有多家银行在年度报告中，将境外数据归入其他地区统一报告，无法进行详细区分。对于数据缺失的情况，报告采取两种方式进行处理。其一，对数据缺失时间较短（1 ~ 2 年）、有平稳发展规律的指标数据，采用适当增长率的方法进行合理估计，估值尽可能地考虑发展趋势和各类影响因素。虽然估计值会与真实值有所出入，但其差异较小，不会对 BII 造成实质性的影响，而且随着中国主要银行国际化程度的加深，此类指标的资料来源和数据质量都将得到改善，因此这类指标仍然予以保留。其二，对数据缺失年限较长、无法进行合理估值的指标，我们不再将其纳入国际化评价的指标体系。

　　值得注意的是，BII 体系是开放且保持动态调整的。随着中国主要银行"走出去"的步伐不断加快、"走出去"的方式逐渐多样，中国主要银行的国际化统计指标一定会更加完善。一方面，会有更多中国主要银行对境外数据进行披露报告，信息的透明度会大大提高；另一方面，会有更多衡量银行国际化水平的指标被纳进 BII 的评价体系当中。在报告后续的编制过程中，会依据各阶段的现实情况对指标体系进行调整和完善，力求提高本套银行国际化指数的准确性和科学性，为中国主要银行的国际化经营提供更多、更好、更直观的决策依据。

附录2　　Appendices2

中英文发布稿

2019报告特色

2019核心观点

当前全球经济形势错综复杂，贸易摩擦、地缘政治等风险增多，政治不确定性进一步加大。一方面，自 21 世纪以来，联合国的各类倡议文件中"全球化""全球协作"等关键词被提及百余次，经济全球化势不可当；另一方面，英国脱欧、中美贸易摩擦等逆全球化风险事件时有发生，世界百年未有之大变局已然来临。银行作为全球金融市场的重要参与者，将不可避免地在这场变革中激荡沉浮。

智者顺时而谋，面对全球化与逆全球化的交锋，是走向世界，还是深耕本土，不同的银行当有不同的抉择，顺应时势，有的放矢，才能脱颖而出。毅者十年一剑，国际化的积累并非一朝一夕之功，其间艰难险阻自不必说，但只有走向世界舞台，才有发现不足、缩小差距之机会；只有占领国际市场，才有高瞻远瞩、引领变革之可能。

银行国际化指数，聚焦全球银行，深入境外数据，科学拟合指数，直观反映高下。国际化，不足以评判银行经营之优劣，却是银行"走出去"、直面国际竞争的一个侧面。并非所有银行都需面向全球"行万里路"，但国之大行当有"会当凌绝顶，一览众山小"的勇气与决心！

It has been five years since the first release of Bank Internationalization Report in 2015 by the Academy of Internet Finance（AIF）and its partners. The aim of the Report is to analyze the level of internationalization of global banks by introducing, and using the Bank Internationalization Index（BII）. The BII will then help banks to clarify their openness in the international financial market, find gaps and deficiencies in international development, and better achieve their internationalization strategies.

2019 报告特色

◆ 持续追踪，已经五载

银行国际化报告自 2015 年发布以来，已经五度春秋。五年来，报告初心不改，始终坚持以客观真实的数据反映全球银行国际化水平，帮助银行明晰自身在国际金融市场中的开放地位，发现其在国际化发展中的差距与不足，从而探索更优的国际化战略与路径。

◆ 三大维度，紧抓核心

BII 以境外资产积累、境外经营成果、全球机构布局三大维度为支撑，构建国际化指数，从深度、广度、效果等多方面综合评价银行国际化水平，力求科学客观。完整报告则针对银行境外业务变迁、经营成本控制、国际人才培养等进行深入分析，全面展现银行国际化表现。

◆ 面向全球，不断拓展

自首次发布以来，BII 便始终面向全球，不断拓展银行数量与地域。2019年，报告关注全球 131 家银行（总资产 76 万亿美元，相当于全球 GDP 的89%），并选取来自 32 个国家的 68 家银行（总资产 67 万亿美元，相当于全球GDP 的 78%），进行 BII 排名与分析。

▌BII五年旅程 The Journey of BII

五年追踪 5 Years	三大维度 3 Dimensions	百余银行 Over 100 Banks		
			Focus on	BII
2015—2019 持续发布 From 2015 to 2019	• 境外资产积累 overseas assets • 境外经营成果 overseas revenue • 全球机构布局 overseas network	No. of Banks	131	68
		No. of Countries	38	32
		Total Assets	$76tn	$67tn
		% of Global Total	61	54
		% of Global GDP	89	78

注：全球银行业总资产以《银行家》TOP1000银行总资产估算
资料来源：浙大AIF、各银行历年年报、世界银行

浙江大学 互联网金融研究院
ACADEMY OF INTERNET FINANCE

2019 核心观点

根据指数结果，本报告分别评选了全球性银行国际化 TOP 20、区域性银行国际化 TOP 20、全球银行境外资产规模 TOP 20、全球银行境外营收规模 TOP 20，并以全球银行 BII 均值见证银行国际化趋势，以中资银行 BII 均值反映其不懈成长。

◆ 全球性银行国际化

报告依据全球系统重要性银行及《银行家》TOP 50 排名，选取 35 家全球性银行，计算 BII，得其国际化排名。35 家全球性银行主要来自五大洲 13 个国家，完整榜单详见附件 1。

全球银行国际化榜单 Most International Global Banks

TOP20 of Global Banks (全球性银行)

Rankings	Banks	countries	BII	Rankings	Banks	countries	BII
1	渣打银行 Standard Chartered		67.9	11	三菱日联金融集团 Mitsubishi UFJ		39.8
2	西班牙国际银行 Santander		55.3	12	联合信贷集团 Unicredit		39.0
3	瑞士信贷银行 Credit Suisse		52.9	13	丰业银行 Scotiabank		38.2
4	荷兰国际集团 ING		52.8	14	加拿大皇家银行 Royal Bank of Canada		35.8
5	德意志银行 Deutsche Bank		51.5	15	高盛集团 Goldman Sachs		32.0
6	汇丰集团 HSBC		50.5	16	法国农业信贷银行 Groupe Crédit Agricole		30.3
7	花旗集团 Citigroup		48.5	17	日本瑞穗金融集团 Mizuho		30.1
8	瑞银集团 UBS		44.4	18	道富银行 State Street		30.1
9	法国巴黎银行 BNP		41.9	19	纽约梅隆银行 New York Mellon		27.4
10	法国兴业银行 Société Générale		40.5	20	中国银行 BOC		27.1
Mean			50.6	Mean			33.0

资料来源：浙大AIF

浙江大学 互联网金融研究院
ACADEMY OF INTERNET FINANCE

➢ **先发优势明显，超越不在朝夕**。渣打银行成为全球最国际化的银行，欧洲各国因其天然区位优势，国际化水平更高，包揽全球性银行国际化前 5 名。但总体来看，TOP 20 中，环太平洋地区拥有 9 家银行，几乎与欧洲势均力敌（11 家）。中国银行是唯一一家进入 TOP 20 的发展中国家银行，可见发达国家大型跨国银行的国际化先发优势明显，超越非朝夕可至。

For most international global banks the study identified 35 global banks from 13 countries.

Of the 35 global banks the study found the following:

• The top 5 of the most international global banks are from Europe;

- 9 of top 20 are located in the Pacific Rim，almost equal to the number of banks that are from Europe；
- The Bank of China（BOC）is the only bank in top 20 that comes from a developing country.

◆ 区域性银行国际化 TOP 20

报告另选 33 家区域性银行，根据 BII 分值得其国际化排名。33 家区域性银行主要来自五大洲 22 个国家，完整榜单详见附件 2。

区域银行国际化榜单 Most International Regional Banks

TOP20 of Regional Banks（区域性银行）

Rankings	Banks	countries	BII	Rankings	Banks	countries	BII
1	北欧联合银行 Nordea Bank		51.8	11	澳大利亚国民银行 National Australia Bank		15.1
2	约旦阿拉伯银行 Arab Bank		49.6	12	印度银行 Bank of India		13.8
3	巴林国民联合银行 Ahli United Bank		40.2	13	南非莱利银行 Nedbank		13.1
4	华侨银行 OCBC		31.3	14	泰国盘谷银行 Bangkok Bank		11.8
5	大华银行 UOB		31.3	15	黎巴嫩布洛姆银行 Blom Bank		11.2
6	蒙特利尔银行 Bank of Montreal		30.4	16	孟加拉锡兰商业银行 Commercial Bank of Ceylon		9.2
7	马来亚银行 Maybank		28.3	17	阿联酋阿布扎比商业银行 Abu Dhabi Commercial Bank		8.0
8	新加坡星展银行 DBS		27.6	18	新韩金融控股公司 Shinhan		7.8
9	斯洛文尼亚新卢布尔雅那银行 Nova Ljubljanska		26.9	19	哈萨克斯坦人民银行 Halyk Bank		6.1
10	阿联酋马士礼格银行 Mashreq Bank		22.2	20	印尼国家银行 Bank Negara Indonesia		5.1
Mean			34.0	Mean			10.1

资料来源：浙大 AIF

> **发展各具特色，逐步走向海外**。区域性银行的全球影响力或许有待提高，大多已根据自身特色迈出了国际化发展的第一步，北欧联合银行便是其中的佼佼者。新加坡的三家银行受益于经济开放与地理优势，国际化水平均进入区域性榜单 TOP 10。其余各家银行也在积极开拓海外市场，如巴林的国民联合银行便通过收购海湾国家的银行和其他金融机构来迅速扩大海外市场份额。

The study identified 33 regional banks from 22 countries，and found that：

- The Average BII for regional banks is half of the average BII for global banks；
- The Nordea Bank is the most international regional bank in 2018；
- 3 banks of the top 10 are from Singapore，a country with a relatively more open economy，and a better location.

◆ 全球银行境外资产规模 TOP 20

报告选取 75 家境外资产数据完整的银行，得到全球银行境外资产规模排行榜，完整榜单详见附件 3。

全球银行境外资产排行榜 Largest Banks by Overseas Assets

Rankings	Banks	countries	Rankings	Banks	countries
1	西班牙国际银行 Santander		11	瑞士信贷银行 Credit Suisse	
2	汇丰集团 HSBC		12	中国工商银行 ICBC	
3	德意志银行 Deutsche Bank		13	联合信贷集团 Unicredit	
4	三菱日联金融集团 Mitsubishi UFJ		14	法国兴业银行 Société Générale	
5	中国银行 BOC		15	法国巴黎银行 BNP	
6	花旗集团 Citigroup		16	加拿大皇家银行 Royal Bank of Canada	
7	荷兰国际集团 ING		17	北欧联合银行 Nordea	
8	三井住友银行 Sumitomo Mitsui		18	法国农业信贷银行 Groupe Crédit Agricole	
9	摩根大通 JP Morgan		19	高盛集团 Goldman Sachs	
10	日本瑞穗金融集团 Mizuho		20	美国银行 Bank of America	
Total overseas assets of TOP 20	$13274.8bn				

境外资产规模
- **集中度高：**TOP20占**76%**

各洲表现
- 欧洲Europe: 10家
- 美洲America: 5家
- 亚洲Asia: 5家

注：所有银行境外资产规模数据以当年年底汇率换算为美元
资料来源：浙大AIF，各行历年年报

➢ **资产集中度高，规模或有收缩**。在 75 家银行中，TOP 20 的境外资产规模便达到了所有银行的 76%，当前全球银行海外资产仍主要集中在大型跨国银行手中。与此同时，排名前四的西班牙国际银行、汇丰集团、德意志银行、三菱日联金融集团 2018 年在境外资产规模与占比上均有所下降，部分大型跨国银行面对愈加复杂的全球形势开始调整国际化战略，境外资产或现收缩态势。

For the analysis of the asset category the study identified 75 banks from 32 countries.

The analysis revealed the following key findings：

• The top 20 banks account for 76% of all the overseas assets of the 75 banks；

• The overseas assets of top 4 banks have declined in 2018. Some of the large international banks have adjusted their international strategies in view of theincreasingly complex global situation.

◆ **全球银行境外营收规模 TOP 20**

报告选取 74 家境外营收数据完整的银行，得到全球银行境外营收规模排行榜，完整榜单详见附件 4。

➢ **营收差距显著，总体稳中略升**。74 家银行中，TOP 20 境外营收规模均超过 100 亿美元，均值超过 200 亿美元，接近其余 54 家银行境外营收规模的 10 倍，差距十分显著。与此同时，TOP 20 中，仅 6 家银行境外营收规模在 2018 年有所下降，大多数跨国银行努力保持了境外营收水平的稳定，相比 2017 年，全球银行境外营收规模上涨 4 个百分点。

全球银行境外营收排行榜 Largest Banks by Overseas Revenue

Rankings	Banks	countries	Rankings	Banks	countries
1	汇丰集团 HSBC		11	中国工商银行 ICBC	
2	西班牙国际银行 Santander		12	高盛集团 Goldman Sachs	
3	花旗集团 Citigroup		13	荷兰国际集团 ING	
4	法国巴黎银行 BNP		14	瑞士瑞信银行 Credit Suisse	
5	三菱日联金融集团 Mitsubishi UFJ		15	渣打银行 Standard Chartered	
6	摩根大通 JP Morgan		16	加拿大皇家银行 Royal Bank of Canada	
7	瑞银集团 UBS		17	日本瑞穗金融集团 Mizuho	
8	德意志银行 Deutsche Bank		18	联合信贷 Unicredit	
9	巴克莱银行 Barclays Bank		19	摩根士丹利 Morgan Stanley	
10	中国银行 BOC		20	法国农业信贷银行 Groupe Crédit Agricole	
Total overseas revenue of TOP 20		**$418.3bn**			

境外营收规模
- TOP20占**78%**

各洲表现
- 欧洲Europe：11家
- 美洲America：5家
- 亚洲Asia：4家

注：所有银行境外营收规模数据以当年年底汇率换算为单元
资料来源：浙大AIF，银行历年年报

For the analysis of largest banks by revenue the study identified 74 banks from 32 countries.

The analysis revealed the following key findings：

• The average overseas revenue of the top 20 banks is over ＄20bn and nearly 10 times the revenueof other banks；

• The total overseas revenue of the 74 banks has risen by 4％ in 2018.

◆对标全球的中资银行

中资银行国际化榜单 · The Rankings of Chinese Banks

银行名称 Banks	BII得分 Score	BII变化率 (%) Changes	中资排名 Chinese Ranking	亚洲排名 Asian Ranking	全球排名 Global Ranking
中国银行 BOC	27.1	1.4	1	9	28
中国工商银行 ICBC	16.9	-0.8	2	11	34
交通银行 BoCom	8.5	2.0	3	16	43
中国建设银行 CCB	7.9	-3.8	4	18	46
中国农业银行 ABC	6.2	-6.5	5	20	48
中信银行 CITIC	4.4	0.7	6	25	53
上海浦东发展银行 SPDB	4.1	7.1	7	27	55
招商银行 CMB	3.1	6.5	8	30	59
中国光大银行 CEB	2.7	30.5	9	33	62
兴业银行 CIB	2.1	/	10	35	64
广发银行 CGB	1.0	11.1	11	37	66
上海银行 BOS	0.2	/	12	39	68

中资全球性跨国银行
BII均值8.29
不足35家银行均值的**1/3**

中资区域性跨国银行
BII均值0.62
不足33家银行均值的**1/20**

资料来源：浙大AIF

➢ **水平总体偏低，稳步增长可期。**当前，中资银行的 BII 均值不足全球性银行 BII 均值的三分之一，中资银行在国际化水平上总体偏弱，但其稳步增长态势鲜明。大型中资银行约三分之一高管拥有境外教育及工作经历，国际化人才在不断积累；传统金融机构的数字化转型则给银行带来了更多线上跨境机会；此外，自"一带一路"倡议提出以来，已有 24 个沿线国家先后设立了中资银行分支共 102 家，未来发展可期。

The study made some significant findings in the BII global rankings of Chinese banks. The study found that：

● The average BII rankings of Chinese banks is less than one third of the global average；

● Significantly Chinese bank BII ranking has grown steadily over the past decade； and

● International talent accumulation，digital transformation and the Belt & Road development program have all brought opportunities for the internationalization of Chinese banks.

■ **中资银行国际化稳步提升 Chinese Banks Having been Expanding**

银行BII均值 Average BII

注：中资银行BII均值以10家全球性跨国银行计算
资料来源：浙大AIF

顺时而谋　十年一剑

A Long Journey

2019年银行国际化
四大榜单

全球性银行国际化排名 Most International Global Banks

排名 Ranking	全球性银行 Global Banks		国家 Countries		BII
1	渣打银行	Standard Chartered	英国	UK	67.9
2	西班牙国际银行	Banco Santander	西班牙	Spain	55.3
3	瑞士瑞信银行	Credit Suisse	瑞士	Switzerland	52.9
4	荷兰国际集团	ING	荷兰	Netherlands	52.8
5	德意志银行	Deutsche Bank	德国	Germany	51.5
6	汇丰集团	HSBC	英国	UK	50.5
7	花旗集团	Citigroup	美国	USA	48.5
8	瑞银集团	UBS	瑞士	Switzerland	44.4
9	法国巴黎银行	BNP	法国	France	41.9
10	法国兴业银行	Société Générale	法国	France	40.5
11	三菱日联金融集团	Mitsubishi UFJ FG	日本	Japan	39.8
12	联合信贷集团	Unicredit Group	意大利	Italy	39.0
13	丰业银行	Scotiabank	加拿大	Canada	38.2
14	加拿大皇家银行	Royal Bank of Canada	加拿大	Canada	35.8
15	高盛集团	Goldman Sachs	美国	USA	32.0
16	法国农业信贷银行	Groupe Crédit Agricole	法国	France	30.3
17	日本瑞穗金融集团	Mizuho FG	日本	Japan	30.1
18	道富集团	State Street Corp	美国	USA	30.1
19	纽约梅隆银行	Bank of New York Mellon	美国	USA	27.4
20	中国银行	BOC	中国	China	27.1
21	摩根大通	JP Morgan Chase	美国	USA	26.3
22	摩根士丹利	Morgan Stanley	美国	USA	25.7
23	法国 BPCE 集团	Groupe BPCE	法国	France	20.7
24	中国工商银行	ICBC	中国	China	16.9
25	澳大利亚联邦银行	National Australia Bank	澳大利亚	Australia	12.5
26	俄联邦储蓄银行	Sberbank	俄罗斯	Russia	8.9
27	交通银行	BoCom	中国	China	8.5
28	苏格兰皇家银行	Royal Bank of Scotland	英国	UK	8.0
29	中国建设银行	CCB	中国	China	7.9
30	中国农业银行	ABC	中国	China	6.2

续表

排名 Ranking	全球性银行 Global Banks		国家 Countries		BII
31	中信银行	CITIC	中国	China	4.4
32	上海浦东发展银行	SPDB	中国	China	4.1
33	招商银行	CMB	中国	China	3.1
34	中国光大银行	CEB	中国	China	2.7
35	兴业银行	CIB	中国	China	2.1

资料来源：浙大 AIF。

区域性银行国际化排名 Most International Regional Banks

排名 Ranking	区域性银行 Regional Banks		国家 Countries		BII
1	北欧联合银行	Nordea Bank	瑞典	Sweden	51.8
2	阿拉伯银行	Arab Bank	约旦	Jordan	49.6
3	国民联合银行	Ahli United Bank	巴林	Bahrain	40.2
4	华侨银行	OCBC	新加坡	Singapore	31.3
5	大华银行	UOB	新加坡	Singapore	31.3
6	蒙特利尔银行	Bank of Montreal	加拿大	Canada	30.4
7	马来亚银行	Maybank	马来西亚	Malaysia	28.3
8	新加坡星展银行	DBS	新加坡	Singapore	27.6
9	新卢布尔雅那银行	Nova Ljubljanska Banka	斯洛文尼亚	Slovenia	26.9
10	马士礼格银行	Mashreq Bank	阿联酋	UAE	22.2
11	澳大利亚国民银行	National Australia Bank	澳大利亚	Australia	15.1
12	印度银行	Bank of India	印度	India	13.8
13	南非莱利银行	Nedbank	南非	South Africa	13.1
14	盘谷银行	Bangkok Bank	泰国	Thailand	11.8
15	布洛姆银行	Blom Bank	黎巴嫩	Lebanon	11.2
16	锡兰商业银行	Commercial Bank of Ceylon	孟加拉国	Bangladesh	9.2
17	阿布扎比商业银行	Abu Dhabi Commercial Bank	阿联酋	UAE	8.0
18	新韩金融控股公司	Shinhan Financial Group	韩国	South Korea	7.8
19	哈萨克斯坦人民银行	Halyk Bank	哈萨克斯坦	Kazakhstan	6.1
20	印度尼西亚国家银行	Bank Negara Indonesia	印度尼西亚	Indonesia	5.1

排名 Ranking	区域性银行 Regional Banks		国家 Countries		BII
21	以色列工人银行	Bank Hapoalim	以色列	Israel	4.9
22	旁遮普国家银行	Punjab National Bank	印度	India	4.5
23	土耳其担保银行	Turkiye Garanti Bankasi	土耳其	Turkey	4.3
24	曼迪利银行	Bank Mandiri	印度尼西亚	Indonesia	3.5
25	布拉德斯科银行	Banco Bradesco	巴西	Brazil	3.5
26	泰京银行	Krung Thai Bank	泰国	Thailand	3.2
27	暹罗商业银行	Siam Commercial Bank	泰国	Thailand	3.1
28	伊斯兰银行	Islami Bank Bangladesh	孟加拉国	Bangladesh	2.8
29	MCB 银行	MCB	巴基斯坦	Pakistan	2.6
30	Allied 银行	Allied Bank	巴基斯坦	Pakistan	1.5
31	广发银行	CGB	中国	China	1.0
32	中亚银行	Bank Central Asia	印度尼西亚	Indonesia	0.6
33	上海银行	BOS	中国	China	0.2

资料来源：浙大 AIF。

全球银行境外资产规模排名 Largest Banks by Overseas Assets

排名 Ranking	银行 Banks		国家 Countries	
1	西班牙国际银行	Banco Santander	西班牙	Spain
2	汇丰集团	HSBC	英国	UK
3	德意志银行	Deutsche Bank	德国	Germany
4	三菱日联金融集团	Mitsubishi UFJ FG	日本	Japan
5	中国银行	BOC	中国	China
6	花旗集团	Citigroup	美国	USA
7	荷兰国际集团	ING	荷兰	Netherlands
8	三井住友银行	Sumitomo Mitsui Banking Corporation	日本	Japan
9	摩根大通	JP Morgan Chase	美国	USA
10	日本瑞穗金融集团	Mizuho FG	日本	Japan
11	瑞士瑞信银行	Credit Suisse	瑞士	Switzerland
12	中国工商银行	ICBC	中国	China

续表

排名 Ranking	银行 Banks		国家 Countries	
13	联合信贷集团	Unicredit Group	意大利	Italy
14	法国兴业银行	Société Générale	法国	France
15	法国巴黎银行	BNP	法国	France
16	加拿大皇家银行	Royal Bank of Canada	加拿大	Canada
17	北欧联合银行	Nordea Bank	瑞典	Sweden
18	法国农业信贷银行	Groupe Crédit Agricole	法国	France
19	高盛集团	Goldman Sachs	美国	USA
20	美国银行	Bank of America	美国	USA
21	瑞银集团	UBS	瑞士	Switzerland
22	丰业银行	Scotiabank	加拿大	Canada
23	摩根士丹利	Morgan Stanley	美国	USA
24	中国建设银行	CCB	中国	China
25	蒙特利尔银行	Bank of Montreal	加拿大	Canada
26	渣打银行	Standard Chartered	英国	UK
27	交通银行	BoCom	中国	China
28	中国农业银行	ABC	中国	China
29	华侨银行	OCBC	新加坡	Singapore
30	新加坡星展银行	DBS	新加坡	Singapore
31	法国 BPCE 集团	Groupe BPCE	法国	France
32	澳大利亚国民银行	National Australia Bank	澳大利亚	Australia
33	澳大利亚联邦银行	Commonwealth Bank of Australia	澳大利亚	Australia
34	大华银行	UOB	新加坡	Singapore
35	哈萨克斯坦人民银行	Halyk Bank	哈萨克斯坦	Kazakhstan
36	纽约梅隆银行	Bank of New York Mellon	美国	USA
37	加拿大帝国商业银行	Canadian Imperial Bank of Commerce	加拿大	Canada
38	马来亚银行	Maybank	马来西亚	Malaysia
39	道富集团	State Street Corp	美国	USA
40	俄联邦储蓄银行	Sberbank	俄罗斯	Russia
41	中信银行	CITIC	中国	China
42	上海浦东发展银行	SPDB	中国	China

排名 Ranking	银行 Banks		国家 Countries	
43	苏格兰皇家银行	Royal Bank of Scotland	英国	UK
44	招商银行	CEB	中国	China
45	阿拉伯银行	Arab Bank	约旦	Jordan
46	国民联合银行	Ahli United Bank	巴林	Bahrain
47	兴业银行	CIB	中国	China
48	中国光大银行	CEB	中国	China
49	印度银行	Bank of India	印度	India
50	阿布扎比商业银行	Abu Dhabi Commercial Bank	阿联酋	UAE
51	马士礼格银行	Mashreq Bank	阿联酋	UAE
52	盘谷银行	Bangkok Bank	泰国	Thailand
53	巴罗达银行	Bank of Baroda	印度	India
54	布拉德斯科银行	Banco Bradesco	巴西	Brazil
55	以色列工人银行	Bank Hapoalim	以色列	Israel
56	伊斯兰银行	Islami Bank Bangladesh	孟加拉国	Bangladesh
57	南非莱利银行	Nedbank	南非	South Africa
58	土耳其担保银行	Turkiye Garanti Bankasi	土耳其	Turkey
59	旁遮普国家银行	Punjab National Bank	印度	India
60	布洛姆银行	Blom Bank	黎巴嫩	Lebanon
61	印度国家银行	State Bank of India	印度	India
62	新卢布尔雅那银行	Nova Ljubljanska Banka	斯洛文尼亚	Slovenia
63	曼迪利银行	Bank Mandiri	印度尼西亚	Indonesia
64	印度尼西亚国家银行	Bank Negara Indonesia	印度尼西亚	Indonesia
65	广发银行	CGB	中国	China
66	暹罗商业银行	Siam Commercial Bank	泰国	Thailand
67	印度尼西亚人民银行	Bank Rakyat Indonesia	印度尼西亚	Indonesia
68	泰京银行	Krung Thai Bank	泰国	Thailand
69	锡兰商业银行	Commercial Bank of Ceylon	孟加拉国	Bangladesh
70	MCB 银行	MCB	印度	India
71	上海银行	BOS	中国	China
72	Allied 银行	Allied Bank	巴基斯坦	Pakistan

续表

排名 Ranking	银行 Banks		国家 Countries	
73	新韩金融控股公司	Shinhan Financial Group Company	韩国	South Korea
74	Acleda 银行	Acleda Bank	柬埔寨	Cambodia
75	中亚银行	Bank Central Asia	印度尼西亚	Indonesia
TOP 20 境外资产总额		132748 亿美元		
75 家银行境外资产总额		171922 亿美元		

资料来源：浙大 AIF，所有银行境外资产规模数据以当年年底汇率换算为美元。

全球银行境外营收规模排名 Largest Banks by Overseas Revenue

排名 Ranking	银行 Banks		国家 Countries	
1	汇丰集团	HSBC	英国	UK
2	西班牙国际银行	Banco Santander	西班牙	Spain
3	花旗集团	Citigroup	美国	USA
4	法国巴黎银行	BNP	法国	France
5	三菱日联金融集团	Mitsubishi UFJ FG	日本	Japan
6	摩根大通	JP Morgan Chase	美国	USA
7	瑞银集团	UBS	瑞士	Switzerland
8	德意志银行	Deutsche Bank	德国	Germany
9	巴克莱银行	Barclays Bank	英国	UK
10	中国银行	BOC	中国	China
11	中国工商银行	ICBC	中国	China
12	高盛集团	Goldman Sachs	美国	USA
13	荷兰国际集团	ING	荷兰	Netherlands
14	瑞士瑞信银行	Credit Suisse	瑞士	Switzerland
15	渣打银行	Standard Chartered	英国	UK
16	加拿大皇家银行	Royal Bank of Canada	加拿大	Canada
17	日本瑞穗金融集团	Mizuho FG	日本	Japan
18	联合信贷集团	Unicredit Group	意大利	Italy
19	摩根士丹利	Morgan Stanley	美国	USA
20	法国农业信贷银行	Groupe Crédit Agricole	法国	France

续表

排名 Ranking	银行 Banks		国家 Countries	
21	丰业银行	Scotiabank	加拿大	Canada
22	三井住友银行	Sumitomo Mitsui Banking Corporation	日本	Japan
23	美国银行	Bank of America	美国	USA
24	Allied 银行	Allied Bank	巴基斯坦	Pakistan
25	蒙特利尔银行	Bank of Montreal	加拿大	Canada
26	纽约梅隆银行	Bank of New York Mellon	美国	USA
27	法国 BPCE 集团	Groupe BPCE	法国	France
28	道富集团	State Street Corp	美国	USA
29	法国兴业银行	Société Générale	法国	France
30	中国农业银行	ABC	中国	China
31	新加坡星展银行	DBS	新加坡	Singapore
32	马来亚银行	Maybank	马来西亚	Malaysia
33	中国建设银行	CCB	中国	China
34	华侨银行	OCBC	新加坡	Singapore
35	大华银行	UOB	新加坡	Singapore
36	加拿大帝国商业银行	Canadian Imperial Bank of Commerce	加拿大	Canada
37	澳大利亚联邦银行	Commonwealth Bank of Australia	澳大利亚	Australia
38	澳大利亚国民银行	National Australia Bank	澳大利亚	Australia
39	交通银行	BoCom	中国	China
40	苏格兰皇家银行	Royal Bank of Scotland	英国	UK
41	阿拉伯银行	Arab Bank	约旦	Jordan
42	上海浦东发展银行	SPDB	中国	China
43	布拉德斯科银行	Banco Bradesco	巴西	Brazil
44	巴罗达银行	Bank of Baroda	印度	India
45	中信银行	CITIC	中国	China
46	印度银行	Bank of India	印度	India
47	北欧联合银行	Nordea Bank	瑞典	Sweden
48	俄联邦储蓄银行	Sberbank	俄罗斯	Russia
49	MCB 银行	MCB	印度	India
50	招商银行	CMB	中国	China

续表

排名 Ranking		银行 Banks	国家 Countries	
51	盘谷银行	Bangkok Bank	泰国	Thailand
52	新韩金融控股公司	Shinhan Financial Group Company	韩国	South Korea
53	国民联合银行	Ahli United Bank	巴林	Bahrain
54	南非莱利银行	Nedbank	南非	South Africa
55	旁遮普国家银行	Punjab National Bank	印度	India
56	新卢布尔雅那银行	Nova Ljubljanska Banka	斯洛文尼亚	Slovenia
57	马士礼格银行	Mashreq Bank	阿联酋	UAE
58	中国光大银行	CEB	中国	China
59	印度国家银行	State Bank of India	印度	India
60	以色列工人银行	Bank Hapoalim	以色列	Israel
61	哈萨克斯坦人民银行	Halyk Bank	哈萨克斯坦	Kazakhstan
62	曼迪利银行	Bank Mandiri	印度尼西亚	Indonesia
63	泰京银行	Krung Thai Bank	泰国	Thailand
64	暹罗商业银行	Siam Commercial Bank	泰国	Thailand
65	布洛姆银行	Blom Bank	黎巴嫩	Lebanon
66	印度尼西亚国家银行	Bank Negara Indonesia	印度尼西亚	Indonesia
67	锡兰商业银行	Commercial Bank of Ceylon	孟加拉国	Bangladesh
68	广发银行	CGB	中国	China
69	土耳其担保银行	Turkiye Garanti Bankasi	土耳其	Turkey
70	印度尼西亚人民银行	Bank Rakyat Indonesia	印度尼西亚	Indonesia
71	伊斯兰银行	Islami Bank Bangladesh	孟加拉国	Bangladesh
72	中亚银行	Bank Central Asia	印度尼西亚	Indonesia
73	上海银行	BOS	中国	China
74	阿布扎比商业银行	Abu Dhabi Commercial Bank	阿联酋	UAE
TOP 20 境外营收总额		4183 亿美元		
74 家银行境外营收总额		5332 亿美元		

资料来源：浙大 AIF，所有银行境外营收规模数据以当年年底汇率换算为美元。

顺时而谋　十年一剑

A Long Journey

　　银行是当前全球金融格局的重要组成部分。银行业国际化，就银行自身而言，可以拥抱更为广阔的国际市场、寻求多样的利润来源；就国家而言，可以登上制定国际经济秩序与规则的世界舞台、争取金融话语权；就全球而言，则极大地助推了经济全球化和金融全球化。正因为如此，在世界经济变迁与中国金融改革中，浙江大学互联网研究院国际金融研究室积极推出"银行国际化系列报告"，连续五年发布银行国际化指数最新成果。今年，系列报告推出最新成果：《顺时而谋　十年一剑——全球银行业国际化报告》，站在报告五周年的时间节点上，对后危机时代的银行国际化发展进行展现与分析。

　　报告的顺利完成得益于全体课题组成员的不懈努力，也离不开国际金融研究室专家团队的鼎力支持。来自高校与金融业界的众多专家为本次研究和报告提供了专业化的指导，并提出了建设性的意见。此外，北京前沿金融监管科技研究院的陈周阳老师与姜楠老师对报告的顺利发布与出版支持良多，浙江大学罗曼同学、孔维莹同学、邱敏敏同学，以及芝加哥大学徐轶伦同学对报告的英文发布稿也多有助力。值此报告付梓之际，谨代表全体课题组成员，对专家成员以及对本次研究及报告提供支持的其他单位和个人表示诚挚的感谢！

　　最后，需要说明的是，任何数据的归纳与分析均无法尽善尽美，我们希望能够通过课题组成员的努力发掘全球银行的国际化脉络，但各家银行的统计口径、财务年度、汇率处理不尽相同，加之课题组的学术水平仍有待提高、研究时间较为有限，报告仍然存在许多不足之处，欢迎社会各界批评指正，以帮助我们的报告进一步修改完善，为银行国际化、金融国际化的发展贡献绵薄之力。